1a. edición, junio 2003.
2a. edición, enero 2005.

Nicolás San Juan 1043, Col. Del Valle
03100 México, D.F.
Tels. 5575-6615, 5575-8701 y 5575-0186
Fax. 5575-6695
http://www.grupotomo.com.mx
ISBN: 970-666-744-X
Miembro de la Cámara Nacional
de la Industria Editorial No 2961

Diseño de Portada: Emigdio Guevara
Supervisor de producción: Leonardo Figueroa

Impreso en México - *Printed in Mexico*

REENCARNACION Y KARMA

CAMBIAR EL PASADO, CAMBIAR EL PRESENTE

LUCIANO LAURO

INTRODUCCION

VOLVER, SIEMPRE VOLVER

Jorge Luis Borges, el genial escritor argentino, concluyó un poema dedicado a uno de sus antepasados con un verso que decía: "Le tocaron, 'como a todos los hombres', duros tiempos en que vivir". En esa línea, Borges retrata un sentimiento universal y común a todos los seres humanos de todas las épocas: el sentimiento de que uno vive en un mundo difícil, agresivo, complicado e hiriente, más propenso a causar sufrimiento que a facilitar la felicidad. El gran poeta español Jorge Manrique retrata un sentimiento similar en ese célebre verso que reza "todo tiempo pasado fue mejor".

Con esta idea común a toda época y toda sociedad, convive otra que parece contradecirla: el anhelo de regresar a este mundo después de la muerte, la idea de la reencarnación. ¿Por qué, si los hombres siempre sintieron que la vida era dura y difícil, a la vez siempre anhelaron que no terminara con la muerte, que existiera la posibilidad de regresar a este "valle de lágrimas"? Creemos que la contradicción es sólo aparente. En realidad, parece perfectamente lógico que si las cosas fueron duras, uno desee tener otra oportunidad. Uno anhela volver, siempre volver, renovar una y otra vez la oportunidad maravillosa de vivir.

La época que nos toca vivir –este vertiginoso y complicado fin de siglo– puede ser vista desde otro ángulo: sin lugar a dudas, como una de las épocas más interesantes que le ha tocado vivir a la humanidad. Si tomamos como ejemplo la idea de la reencarnación, en el pasado los escépticos sostenían que esa idea era sólo una ilusión, fruto del anhelo de trascendencia de los hombres, que no se resignaban a que todo terminara un buen día sin pena ni gloria. Lo maravilloso de vivir en esta época es que el desarrollo de la ciencia ha ido revelando que muchas creencias místicas y espirituales son realidades concretas que la experimentación científica puede comprobar. Así como en la Antigüedad muchas enfermedades eran consideradas como maldiciones infernales y mágicas hasta que el desarrollo de la medicina las ubicó en la perspectiva correcta, de la misma manera ese anhelo místico de reencarnarse hoy se puede experimentar mediante métodos científicos irrefutables, trabajándolo desde perspectivas como el psicoanálisis, la hipnosis y las terapias gestálticas, entre otras disciplinas.

Y de esta manera, lo que siempre fue un anhelo espiritual de trascendencia hoy puede ser un medio para equilibrar y mejorar no sólo la posibilidad de reencarnarse tras la muerte, sino la propia vida presente. Mediante la certeza de que hemos tenido vidas anteriores y los métodos científicos y espirituales para trabajar con esas experiencias pasadas, podemos lograr destrabar los grandes nudos que impiden nuestro completo desarrollo en esta vida presente; como consecuencia, podemos también, según la ley del karma, mejorar nuestras posibilidades de vidas futuras encaminándolas hacia una senda de perfección.

Los tiempos que nos tocan vivir siempre son duros, como lo han sido todos los tiempos anteriores. Lo maravilloso es que tenemos la posibilidad de trabajar para que el futuro, tanto en esta vida como en las siguientes encarnaciones, sea mucho más luminoso y trascendente. El viejo anhelo humano de la reencarnación es tan real y concreto como lo son la vida y la muerte. El nuevo milenio que se avecina puede ser la puerta a un grado mucho más alto en la evolución del alma. Apoyándonos en las vidas pasadas y extrayendo de ellas la enseñanza para reparar los errores cometidos, podremos resolver las impurezas que nuestra alma carga desde el origen; al purificarla, le permitiremos desplegar sus alas para el vuelo final hacia el destino trascendente que siempre la esperó en el orden cósmico. El cantante popular argentino Luis Alberto Spinetta dice en una de sus canciones: "Aunque me fuercen no voy a decir que todo tiempo pasado fue mejor. Mañana es mejor". Trabajemos para lograrlo.

Un poco de historia

La difusión universal de la palabra "karma" (acerca de cuyo concepto nos ocuparemos más adelante), utilizada hoy en todo contexto en el que se traten temas como reencarnación y vidas pasadas, hace que esas ideas sean relacionadas muy estrechamente con la filosofía espiritual del hinduismo, de donde esa palabra proviene.

Pero debe quedar claro que ideas como las de reencarnación, camino de perfección de las almas, transmigración y vidas pasadas están muy lejos de ser patrimonio de una sola cultura, aunque en el hinduismo tengan una importancia central. Por el contrario, estas creencias han sido patrimonio de los pueblos más diversos en todas las épocas de la humanidad.

La idea ya existía entre los griegos, que son los padres de toda la cultura occidental. El célebre matemático y filósofo Pitágoras, que vivió casi 600 años antes de Cristo, decía de sí mismo que él había nacido con el don de recordar sus vidas pasadas, como lo atestigua el biógrafo Diógenes Laercio, en su famosa obra *Vida de los filósofos.* Pitágoras sostenía haber recibido ese don maravilloso por obra de Hermes.

Otros sabios griegos han tratado el tema, ya sea como teoría o como vivencia personal. En *La República* de Platón se narra la experiencia de un soldado que, tras ser herido en batalla, cuando estaba casi al borde de la muerte, fue elevado hacia los cielos y allí, entre otras cosas, pudo ver el alma de Orfeo, que elegía renacer en un cisne, y la de Agamenón, que prefería ser águila, y también el alma de Ulises, que tras una vida de gloria y leyenda ahora anhelaba renacer en el cuerpo de un hombre humilde, silencioso y oscuro. Por otra parte, Empédocles de Agrigento dice: "He sido mancebo, doncella, arbusto, pájaro y mudo pez que surge del mar", y luego relata su llanto y su congoja la primera vez que vio la Tierra y comprendió que iba a nacer en ese lugar. El místico y filósofo Plotino ha escrito: "Las sucesivas reencarnaciones son como un sueño después de otro". Esta frase es notable por cuanto dos mil años después la ciencia ha descubierto el papel fundamental que tienen lo sueños en el trabajo sobre pasadas encarnaciones. Lo que en Plotino fue visto como una simple intuición se comprobó muchísimos siglos después.

Platón escribió también acerca del ciclo de las reencarnaciones, que según la cultura griega duraba mil años entre vida y vida. A esos ciclos el hinduismo los llamaba "kalpas", pero para ellos el ciclo duraba "doce millones de años". Esta cifra es notable porque para la mentalidad de aquella época, así como para la mentalidad humana hasta bien avanzada la Edad Moderna, esas cantidades de tiempo eran simplemente fantasías inconcebibles; por ejemplo, en el siglo II el teólogo Ireneo de Lyon sostenía que la historia universal tenía una duración total de seis mil años. Sólo con el advenimiento de la física moderna y la física cuántica se llegó a la certeza de que la edad del universo responde más a esas cifras supuestamente absurdas de los hindúes que a los modestos cálculos del resto de las culturas. Una vez más, los místicos estaban más cerca de la realidad científica de lo imaginable en esa época.

También en Roma, el tema estaba instalado. César sostenía que la creencia en la reencarnación y la transmigración de las almas había sido tomada por los romanos de los druidas celtas, durante las incursiones romanas a Bretaña y la Galia. De hecho, un poema galés de alrededor del siglo V nos habla del tema con exquisito lenguaje e imágenes y metáforas maravillosas:

He sido la hoja de una espada,
he sido una gota en el río,
he sido una estrella luciente,
he sido una palabra en un libro,
he sido un libro en el Principio,
he sido una luz en una linterna,
he sido un puente que atraviesa sesenta ríos,
he sido errante como el águila,
he sido una barca en el mar,
he sido un capitán en la batalla,
he sido una espada en la mano,
he sido un escudo en la guerra,
he sido la cuerda de un arpa,
he estado mucho tiempo hechizado en la
espuma del agua.

La otra gran cultura de la Antigüedad es, sin duda, la judía. Es notable que los principales herederos de esta cultura, es decir, los cristianos, no hayan rescatado mucho de la idea de la reencarnación, sino que la reemplazaron por la de vida eterna en otro estado cósmico (el Cielo). Pero entre los cabalistas hebreos, por ejemplo, la idea siempre estuvo instalada. De hecho, dividían en dos las posibilidades de reencarnación o transmigración de las almas: "Ibbur" y "Gilgul". La primera, cuyo nombre significa "fecundación", consiste en que el alma de un antepasado o maestro penetra en el alma de una persona desdichada para instruirlo, confortarlo y cambiar su vida. En cuanto a "Gilgul", que significa "revolución", se trata de algo más parecido a la ley del karma, es decir, al equilibrio entre causa y efecto, que nos dice que las acciones que realicemos en una vida tendrán influencia en el futuro de nuestra alma. Según se lee en un texto hebreo, por ejemplo, "el alma de quien haya derramado sangre vuelve convertida en agua y es arrastrada de un lado a otro infinitamente, siendo el sufrimiento y el dolor más fuerte cuando es una cascada".

Pero para hablar de la concepción universal de las diversas reencarnaciones, volveremos a utilizar el concepto hindú del karma, que por algo es el más conocido y difundido en todo Occidente.

Para el hinduismo, cada reencarnación es consecuencia de la reencarnación anterior, y las dichas y desdichas de una vida provienen de la vida inmediatamente anterior a ésta. Si para que exista una vida tuvo que existir una vida anterior, esto parecería sugerir que no hubo una que iniciara la serie. Y, por el mismo razonamiento, no podría haber una que fuera la última.

Este círculo infinito, sin embargo, puede acotarse poniéndole un principio y un fin. En cuanto al principio, se lo puede buscar en la determinación de un Dios todopoderoso (cualquiera sea su denominación de acuerdo con las diferentes religiones) que decidió alguna vez crear la vida. En cuanto al origen de ese Dios, ya entraríamos en una discusión mucho más ardua que no hace al tema de este libro.

El fin de la serie aparentemente infinita de reencarnaciones estaría dado por lo que el budismo llama "alcanzar el nirvana", es decir, la perfección del alma que nos libra del perpetuo camino de reencarnarse una y otra vez. Este es el camino del karma.

Esta palabra, que en su origen proviene del termino sánscrito "kri", que significa "hacer" o "crear", denomina el total de las acciones humanas que van urdiendo la trama de nuestra vida. Cada decisión, cada movimiento, cada palabra, cada sueño, todo lo que un ser humano hace a cada momento en su vida es lo que va formando la vida que tendrá en su próxima reencarnación. Es como decir que a lo largo de la vida vamos preparando una semilla que plantamos en el momento de morir, y de esa semilla nacerá la nueva vida que nos tocará recorrer.

Esta concepción se diferencia bastante de la tradicional idea de premios y castigos del cristianismo, aunque a primera vista pueda parecer similar. La diferencia consiste en que, según la ley del karma, no hay alguien que juzgue los actos de la persona, sino que son los actos en sí mismos los que generan sus consecuencias buenas o malas para la siguiente vida. Incluso, puede decirse que la ley del karma no se aplica sólo a la vida futura sino a esta misma. Cada acto del hombre tiene consecuencias también sobre su vida presente. El sabio griego Plutarco escribió: "El hombre que era ayer ha muerto en el que soy hoy, y el que soy hoy morirá en el que seré mañana". De ahí la enorme importancia de trabajar sobre nuestras vidas pasadas para mejorar la vida presente.

La rueda del karma: Como funciona la reencarnacion

Si realmente hemos vivido infinidad de vidas anteriormente, o aunque más no fuera una sola vida anterior, ¿por qué la mayoría de las personas no tenemos un solo recuerdo de eso?

Pues bien: que no podamos "recordar" una experiencia no significa que no la tengamos alojada en nuestra memoria, tanto en la mental como en la memoria del alma. "Ver es volver a ver", reza un sabio adagio. ¿Cuántas veces nos sucede que pasamos por un lugar y nos detenemos impresionados porque, aunque nunca hemos estado allí, tenemos una fuerte sensación de que lo conocemos? ¿Cuántas veces nos sucede que nos cruzamos con otra persona en la calle, en un transporte público, en una sala de espectáculos, y no podemos evitar quedarnos mirándola porque estamos convencidos de conocerla? ¿Y cuántas veces, incluso, esa persona a la que miramos siente "la misma" sensación hacia nosotros, como si fuéramos viejos conocidos aunque nunca nos hemos cruzado en la vida? "Todo encuentro es un reencuentro", dice otro sabio adagio.

Estos son signos emergentes de nuestra memoria de las vidas pasadas. En nuestra propia vida presente suceden cosas parecidas: por ejemplo, la primera infancia es un tramo de la vida que no se recuerda en detalle; sin embargo, es el momento cuando se fijan en nuestra personalidad y en nuestro corazón un montón de sentimientos y estructuras que mantendremos toda nuestra vida. Así, uno puede encontrarse con que en un determinado lugar se siente inmediatamente cómodo y animado, y nunca sabrá que eso le sucede porque, por ejemplo, un aroma allí presente lo retrotrajo a un momento de su primera infancia, quizás a los seis meses de vida. Estos mecanismos psicológicos tan comunes y simples tienen el mismo principio que los reflejos de recuerdo de vidas pasadas. "Están ahí", aunque eso no implica que los podamos registrar conscientemente.

Todos los hechos de nuestra vida presente y los de todas nuestras vidas pasadas están guardados en nuestro interior (en lo que los hindúes llaman "akasha", nombre con que denominan a la sustancia en la que se "imprimen" todas las acciones del karma). Pero no se trata sólo de que sean como "objetos" que nuestra memoria kármica conserva y a los que podemos recurrir si sabemos cómo llegar a ellos. Toda esa historia kármica de esta vida y las vidas pasadas, todo ese "akasha", es "uno mismo". Eso es lo que somos. No es que somos algo determinado, un "yo" que además atesora vivencias de vidas pasadas, sino que "somos" ese cargamento de karma que transportamos. Es más: somos "solamente" ese cargamento de acciones kármicas, fuera de ello no hay otra cosa. No existe un "yo" mental, eso es simplemente una ilusión creada por el pensamiento. Somos nuestro karma.

El proceso de lo que se ha dado en denominar "la rueda del karma" consiste en ir deshilvanando las acciones de las vidas pasadas con el fin de despejar y purificar nuestra alma para alcanzar pronto un estado de perfección que nos libere de la rueda del karma. Hay personas que han pasado por miles y miles de existencias y siguen arrastrando las consecuencias de acciones que no han sabido resolver en ninguna de esas vidas; también hay otras que en relativamente pocos ciclos de existencia han ido alcanzando un desarrollo que les permitirá pasar a otro estado cósmico muy pronto. Pero la rueda del karma no es una carrera en la que el que llega antes es mejor que el otro, porque el único hecho trascendente en sí mismo es "recorrer el camino".

En la rueda del karma no dejamos de relacionarnos constantemente con otras almas que recorren junto a la nuestra una parte más o menos extensa del camino. Esto significa que habrá almas con las que compartiremos momentos de una vida, así como habrá otras a las que volveremos a cruzarnos una y otra vez en diferentes encarnaciones y con diferentes ropajes.

Volviendo a lo que se comentaba al principio de este apartado: supongamos que uno está esperando para entrar en un cine, y de repente una persona pasa junto a nosotros y luego desaparece otra vez entre el gentío de la calle. En ese breve instante uno tiene la fuerte impresión de que esa visión fugaz le transmitió inquietud, afinidad o identificación. Como consecuencia, queda tembloroso e impactado, intentando explicarse por qué, entre cientos de transeúntes con los que se cruzó ese día, aquel que acaba de pasar le produjo semejante sensación. A menudo un suceso como éste queda grabado para siempre en nuestra memoria, y pasan los años y siempre volvemos a revivirlo, a pesar de que en realidad no tuvo ninguna consecuencia práctica o incidencia particular en nuestras vidas.

Un suceso así puede encuadrarse de dos formas, ambas correctas y posibles. La primera es en el marco de nuestra vida presente: esa fugaz aparición revolvió por alguna razón una zona de nuestra memoria emotiva, probablemente ligada a alguna experiencia infantil que nuestra mente consciente no tiene registrada, y de ahí nació la conmoción que nos produjo. O también es probable que en esa ocasión nos hayamos cruzado con alguien que en alguna de nuestras vidas anteriores tuvo una importancia extrema, por alguna razón que sólo descubriríamos si hiciéramos una regresión a esa vida.

Esto último sucede muy a menudo: en nuestra vida presente volvemos a cruzarnos con personas con las que tuvimos relación en vidas pasadas, y en cierta forma esa relación se retoma, se reinicia, porque aún no habíamos completado el ciclo de relación con esa persona. Sólo dejaremos de cruzarnos en sucesivas vidas cuando la cuenta de esa relación esté saldada. Claro que estos reencuentros casi nunca son en las mismas condiciones en que se produjeron en vidas anteriores. Es probable que si en una vida uno fue el padre de esa otra persona, más adelante vuelvan a cruzarse como amigos o quizá como pareja. Las diferentes aristas de una relación humana muchas veces necesitan de diversos roles para ir completándose y realizándose. Lo que en una misma vida no nos es dado (nadie puede ser padre e hijo de otra persona a la vez) surge en el devenir de la rueda del karma a través de sucesivas reencarnaciones.

Esto nos lleva inmediatamente a pensar en la más compleja y maravillosa de las relaciones humanas: el amor. La serie de repetidas oportunidades en que, bajo diversas formas, dos almas pueden encontrarse y reencontrarse en diferentes vidas, ¿tiene que ver con la antigua, universal y perenne idea de llegar a encontrarse alguna vez con el "alma gemela"? ¿Es ésta la explicación de esas grandes historias de amor tan poco frecuentes, que inmediatamente nos recuerdan a Romeo y Julieta o a Tristán e Isolda? ¿Se trata de almas que ya han recorrido diversas vidas y se han relacionado de diferentes maneras entre sí, hasta que se encuentran como amantes porque ya han transitado todo el espectro de las relaciones y se conocen realmente como "almas gemelas"? La pregunta es fascinante, pero no podemos afirmar que tenga una respuesta única e inequívoca.

Lo que sí podría decirse es que la idea expresada en el párrafo anterior explicaría algunas cosas. Cuando hablamos de amantes arquetípicos, como Romeo y Julieta, pensamos en dos seres jóvenes y hermosos que unen sus almas para siempre. La realidad no es necesariamente tan arquetípica. ¿Cuántas veces nos ha llamado la atención ver la relación de pareja entre dos personas aparentemente opuestas entre sí, ya sea por razones sociales o por grandes diferencias de edad o por otras diferencias muy notables? Pero tienen una armonía y durabilidad que otras parejas más "parejas" nunca alcanzan. Es muy probable que estemos ante el encuentro de dos seres que han recorrido un largo camino de relación en vidas anteriores, y ahora disfrutan de la culminación del contacto entre sus almas.

Ahora bien, no necesariamente uno vuelve a encontrarse con almas de otras vidas en una relación buena o amigable. Muchas veces nuestro peor enemigo puede ser un alma que nos acompaña desde muchas vidas pasadas. Quizá fue en otra encarnación nuestra madre o un amigo muy amado, y en este momento cumple esa función antagónica y de choque, como una prueba a la que se nos somete y que deberemos superar para pasar a otro estadio del ser.

Amigo o enemigo, amante o pariente, lo cierto es que muchas almas nos vienen acompañando desde vidas anteriores. Es como un juego de relaciones donde hoy nos toca ser una cosa y mañana otra. Cuanto mejor juguemos este juego, más rápido alcanzaremos su culminación. Y hoy en día tenemos formas de ayudarnos a jugar mejor el juego. Son las técnicas de regresión, las terapias de vidas pasadas y otros mecanismos que iremos viendo en detalle a lo largo de este libro.

Lo que debe quedar claro es que el proceso de la reencarnación no es una mera repetición mecánica de muertes y nacimientos en los que uno va intentando corregir los errores que fue cometiendo en el pasado. Es un proceso vital y móvil, cuya mejor denominación sería la palabra "evolución". Lo que hacemos al pasar de una vida a otra no es un trabajo "hacia atrás" de enmendar equivocaciones, sino hacia adelante: evolucionamos, y por eso es que los errores comienzan a dejar de repetirse. No es que "arreglamos lo que pasó", sino que nos desarrollamos y así no volvemos a caer en las mismas trampas que en el pasado.

La forma de acelerar este proceso de evolución, que durante siglos dependió de la mayor o menor suerte que tuviéramos en la vida, hoy es accesible mediante técnicas. Al profundizarse la investigación científica sobre el tema, que dejó de ser sólo una cuestión de fe y espiritualidad, se desarrollaron paralelamente diferentes maneras de optimizar el trabajo sobre el caudal de sabiduría que implica toda esa carga de experiencias de vidas pasadas. La mayoría de estas técnicas requieren la asistencia de un profesional: un psicólogo transpersonal, un especialista en TVP (terapia de vidas pasadas), un vidente o médium.

Pero lo que vamos a hacer a partir de ahora es intercalar los apartados de información con otros donde se explicarán algunas técnicas que cualquiera puede practicar por sí mismo. Su función es preparar la conciencia para el trabajo profundo sobre las vidas pasadas. Aun con la ayuda de un gran profesional, uno no obtendrá resultados positivos si no llega a la terapia preparado espiritual, mental y físicamente para reconocer y dilucidar los mensajes y símbolos que experimentará en cuanto comience a "entrometerse" en sus propias reencarnaciones anteriores.

LAS FORMAS DEL KARMA

Básicamente, existen distintas clases de karma. Aquí las estableceremos de una vez para que en adelante sepamos de qué hablamos al mencionar alguna clase de karma.

El karma personal: Es la suma de todas las acciones que una persona ha realizado a lo largo de todas sus existencias anteriores, y también de las acciones que no realizó, que omitió y se adeuda. Es el fundamental, el que realmente debemos trabajar hasta limpiar y purificar. Los demás karmas están, por decirlo de alguna manera, supeditados al trabajo que sepamos hacer con nuestro karma personal.

El karma de relación: Es lo que se genera a partir de la interrelación entre dos almas en una vida o en varias (las almas a veces comparten varias reencarnaciones), involucrando las acciones u omisiones capaces de generar algún tipo de desequilibrio para futuras encarnaciones.

El karma genético: Es la gran carga que una persona trae en forma de información grabada a fuego en su sistema celular. Está formada por diversos karmas no resueltos, provenientes de antepasados directos o no tanto, que nos afectan aunque no necesariamente los hayamos provocado, sino que los heredamos.

El karma grupal: Es el karma relacionado con diversos grupos humanos (pueden ser religiosos, sociales, políticos, etcétera), en el cual las acciones u omisiones del grupo originan karma en cada individuo que lo integra, sea éste directamente responsable o no, esté o no directamente involucrado en esa acción u omisión. Si uno ha pertenecido en alguna encarnación a algún grupo que generaba esta clase de karma, seguirá ligado a él hasta que ese karma sea equilibrado de alguna manera. La persona puede trabajar individualmente sobre la parte del karma grupal que le afecta, aunque el proceso de liberar karmas grupales siempre resulta algo engorroso.

El karma ajeno: Consiste en apoderarse de responsabilidades o potencialidades de crecimiento ajenas. Esto crea un desequilibrio en nuestro karma personal (porque sólo lo que nosotros generamos sirve para nosotros), y un mal karma de relación en el otro.

Estas son las cinco formas básicas que adopta el karma. En general se trabaja equilibradamente sobre las cinco, tomando como eje de equilibrio el karma personal, que es el único capaz de modificar cualquiera de los otros.

Imaginacion y Reencarnacion: Imaginar es recordar

Antes de pasar a explicar el primero de los ejercicios preparatorios que ayudarán a comenzar a aplicar los beneficios de anteriores reencarnaciones en nuestra vida cotidiana actual, es imprescindible que el lector se familiarice con una idea fundamental en este proceso. Y es la siguiente:

> *La imaginación es la mayor o menor capacidad que tiene cada persona de traer al presente las experiencias de cada una de sus vidas pasadas.*

Así es. Lo que puede sonar como algo difícil –es decir, poder comunicarse con experiencias guardadas en nuestro profundo interior provenientes de vidas pasadas– es en realidad algo que todos nosotros hacemos todo el tiempo sin saberlo. Lo que llamamos "imaginación" no es un proceso mágico que nuestra mente pone en marcha para hacer que de la nada surjan ideas, fantasías y creatividad. La imaginación es un proceso inconsciente de memoria kármica.

Al imaginar, lo que en realidad hacemos es "recordar". Claro que sin saberlo en forma consciente. Esto sucede con todos los seres humanos sin excepción. Por supuesto que algunos tienen mucho más desarrollada esta facultad, por ejemplo, los artistas. El artista no crea su obra de la nada, ya que, como dice un adagio popular, "no hay nada nuevo bajo el sol". Si uno tiene la suerte de estar en un museo delante de un cuadro de Van Gogh, por ejemplo, el celebre óleo que muestra una silla que es una gloria de abstracción artística y creativa, lo que uno está viendo es la representación de una visión seguramente más aguda que la del común de la gente, pero no algo salido de la nada.

Un gran estudioso de las formas de percepción artística, el gran escritor británico Aldous Huxley, cuenta en uno de sus libros cómo él mismo se sometió a una experiencia de contacto con la "realidad" de Van Gogh, hasta llegar a compartir la visión del gran pintor impresionista. Lo que Huxley hizo, ayudándose con la asistencia de médicos y científicos y la ingestión de un alucinógeno llamado mescalina —que libera zonas de percepción que habitualmente están censuradas por el cerebro—, fue tratar de provocar en sí mismo el estado de conciencia en el que Van Gogh había pintado esa silla maravillosa. Y, como relata en el libro que recoge esta experiencia, después de algunos intentos llegó a ver una silla que tenía delante de él en el cuarto donde se realizaba la experiencia exactamente como Van Gogh la había visto y retratado en su célebre óleo.

Esto es como decir que en algún punto todos podríamos ser Van Gogh. Porque aquel gran artista, como tantos otros, no era un extraterrestre que creaba obras fuera de este mundo, sino que tenía una visión refinada al extremo, producto seguramente de la evolución obtenida a través de sus vidas pasadas y su rueda de karma.

Con respecto a la parte práctica de esta idea fundamental de que "imaginar" es "recordar", vale decir que quien se considere totalmente falto de imaginación está equivocado. Simplemente, no alcanzó el grado de evolución que le permite conectarse a nivel supraconsciente con el enorme bagaje que trae de sus anteriores encarnaciones.

Esto es muy importante y debe ser entendido claramente, porque ya verá el lector que en algunos de los ejercicios se le pide que "imagine" alguna situación determinada. Si la imaginación fuera "creación", no tendría ninguna utilidad en el intento de recuperar fragmentos de nuestras vidas pasadas. Pero uno debe tener la certeza de que si se le pide que imagine, por ejemplo, un momento de una vida pasada en el que fue feliz, no estará "inventando" ese momento, sino que su imaginación le dictará esa imagen, porque "en algún lugar de su interior esa imagen ya existe".

Uno sólo puede imaginar lo que ya tenía de antemano en su interior. Y lo que uno tiene en su interior es miles, quizá millones de experiencias kármicas que son exclusivas de uno mismo. Estas experiencias kármicas a la vez están relacionadas con cada alma que nos haya acompañado en un fragmento, por pequeño que fuera, de alguna de nuestras existencias anteriores.

Por eso, al imaginar una situación cualquiera, puede concentrarse en ella con la confianza de que, aunque le parezca que acaba de inventarla, esa situación ya existía y proviene de lo profundo de su memoria kármica. Uno no está "inventando" caprichosamente, sino "descubriendo" y enterándose de algo que, utilizado luego según determinadas técnicas, lo ayudará a desatar algún nudo de su vida presente. Al hacer eso a la vez estará mejorando las perspectivas de su vida futura en esta encarnación y, por lo tanto, también la encarnación siguiente.

Uno puede ser movido por la rueda del karma, pero también puede moverla. Una cosa no es mejor que la otra, pero sí es importante que sucedan “las dos”. Si uno es una simple marioneta en el girar imprevisible de la rueda del karma, puede estar seguro de que su liberación está aún muy lejana y que deberá pasar por incontables vidas para ir acercándose a la encarnación final. Si uno, con esa soberbia tan común al ser humano, quiere ser quien exclusivamente mueva su rueda del karma, también se estará equivocando. Esto se debe a que uno no está solo en el universo y las almas relacionadas que se mueven a su alrededor también mueven su propia rueda de Karma, por lo cual la completa autodeterminación es imposible. El camino ideal (los budistas lo sabían muy bien) es el camino del medio. La armonía entre la carga de karma con la que llegamos a esta vida y la producción consciente de karma positivo para irnos de ella mejor que cuando llegamos. Esa es la senda que nos va a conducir a la perfección y la liberación.

Vortices energeticos

También es importante, antes de comenzar con los ejercicios, que el lector conozca los puntos energéticos centrales sobre los que en varias ocasiones se trabajará, y que constituyen la esencia de lo que podríamos llamar "depósitos de karma". Estos puntos o vórtices energéticos fundamentales, conocidos comúnmente por el nombre oriental de "chakras", son siete, y se ubican en el cuerpo energético del ser humano y también en el cuerpo físico. Para la actividad que desarrollaremos más adelante, lo imprescindible no es tanto la ubicación exacta de cada uno sino reconocer la zona del cuerpo físico en la que cada punto se aloja.

Como hemos dicho, son siete y es imprescindible visualizarlos de arriba hacia abajo.

Chakra "corona"

Se ubica en la zona del cráneo, apenas por encima del cuero cabelludo, como una pequeña corona de luz sobre el centro de la cabeza.

Chakra "ajna"

Se aloja en la zona de la frente, casi en medio de los ojos. Es conocido como "el tercer ojo" o también como "el quinto ojo", según otras tendencias metafísicas.

Chakra "laríngeo"

Se aloja en la zona de la garganta, cerca del nacimiento del cuello (por debajo de la nuez de Adán en el caso de los hombres).

Chakra "cardíaco"

Está ubicado a la altura del corazón pero en el centro del tórax.

Chakra del "plexo solar"

Se encuentra en el centro exacto del tronco torácico (en el punto intermedio en la zona inferior de los senos en el caso de las mujeres).

Chakra "sacro"

Se ubica a la altura del ombligo.

Chakra "sexual" o "chakra base"

Se aloja en la zona del nacimiento de la pelvis.

En estos siete vórtices energéticos primarios y fundamentales es donde uno puede concentrar la atención para empezar a mover la experiencia kármica alojada en profundidades de nuestro ser. Por eso es útil aprender a "enviar" esas experiencias hacia alguno de estos puntos, cuya gran concentración energética permitirá "atrapar" esa experiencia y ayudarnos a manejarla y a traerla a la conciencia para utilizarla en la solución de algún problema práctico y concreto que nos aflija en nuestra vida cotidiana.

Cada uno de estos siete chakras es apropiado para diferentes situaciones humanas:

• **Chakra "corona":** Para situaciones relacionadas con trabas del pasado, conflictos no resueltos de origen desconocido para nuestra conciencia y en general todo lo que tenga que ver con la memoria traumática.

• **Chakra "ajna" o "tercer ojo":** Está relacionado con las situaciones de incertidumbre, el miedo a lo desconocido, las angustias por el porvenir.

• **Chakra "laríngeo":** Relacionado con las situaciones de conflicto de relación, especialmente en lo social, con fallas en la comunicación y con problemas de adaptabilidad al entorno en el que uno se mueve.

• **Chakra "cardíaco":** Se relaciona con la emotividad y la creatividad, y con toda situación en la que lo afectivo se convierta en conflicto.

• **Chakra del "plexo solar":** Es el que se relaciona, por una parte, con situaciones de origen externo, con el roce o enfrentamiento con agresiones provenientes del entorno, y también con las situaciones laborales; y por otra parte, con las situaciones de salud corporal, enfermedades congénitas, impedimentos motrices y funcionales.

• **Chakra "sacro":** Es el de las situaciones donde está en juego la pureza o impureza de las vías internas de transmisión energética, lo que incluye el sistema de circulación sanguínea y el sistema nervioso central, así como también las situaciones de desorden nutricional y las fallas de asimilación energética de la alimentación.

• **Chakra "sexual":** Es el que se relaciona con toda situación de descompensación energética, ya sea en lo sexual propiamente dicho como en lo anímico, lo físico y lo espiritual; es el chakra de la energía por excelencia.

Toda ayuda es buena en el arduo trabajo de recuperar las experiencias kármicas. Además del trabajo sobre los chakras, otras técnicas –como la meditación, la visualización, la relajación y la autohipnosis– serán excelentes aliadas en la tarea. Lo importante es entender que, como la base de estos trabajos iniciales reside en el uso de la memoria kármica (es decir: "la imaginación"), pueden encararse con total confianza porque no hay riesgo de que alguien no sea capaz de llevarlos adelante. Uno puede hacer todo lo que su imaginación le dicte, porque, repetimos, si pudo imaginarlo es porque ya estaba en él.

Todo es cuestión de ponerse a trabajar.

EMPEZANDO A MANEJAR EL POTENCIAL KARMICO

El primer trabajo consiste en un reconocimiento de los chakras y de su posibilidad de acumular experiencia kármica y mantenerla a disposición para su uso posterior por parte de la persona.

Los diferentes pasos del trabajo se irán explicando lentamente y con muchos comentarios. Pero llegado el momento de realizar el trabajo los pasos deben encadenarse de manera armónica, para que el manejo del potencial kármico sea conducido correctamente a la función que pretendemos darle.

El primer paso es determinar una situación de la vida personal que en este momento sea particularmente preocupante porque no sabemos cómo manejarla. Esta situación se relacionará con algún chakra específico, de acuerdo con la clasificación que ya se comentó en el apartado "Vórtices Energéticos". Para este ejemplo supondremos una situación de momentánea disfunción sexual causada por problemas de estrés y angustia. Si bien podemos saber la causa, eso no implica que sepamos cómo manejar la situación ni mucho menos cómo solucionarla.

Por la clase de situación que vamos a trabajar, lo correcto es hacerlo sobre el chakra sexual, ubicado en la zona por sobre el nacimiento de la pelvis.

Como este trabajo está relacionado con técnicas que toman elementos de la meditación y la visualización, es conveniente que para su realización se genere un ambiente propicio, básicamente de silencio y tranquilidad. Y en especial es importante la relajación, por lo que tomaremos una posición corporal que contribuya al ejercicio.

Es necesario acostarse de lado en el piso, con todo el costado derecho del cuerpo en contacto con el mismo; brazo y pierna derecha extendidos, cabeza apoyada sobre el brazo derecho cayendo levemente hacia el piso, y la pierna izquierda flexionada por sobre la derecha, apoyando el tobillo izquierdo en la rodilla derecha y la rodilla izquierda en el piso. El brazo izquierdo se apoyará todo a lo largo del cuerpo, reposando la mano aproximadamente sobre el muslo de la pierna izquierda. Esta es una posición en la que el peso del cuerpo se reparte armónicamente a lo largo de toda su extensión, lo cual permite un interesante nivel de relajación.

Ya habíamos determinado de antemano que en este momento queremos "atacar" una disfunción sexual. Lo que hacemos ahora es no pensar más en ella, no concentrarnos especialmente en ningún pensamiento. Entonces, cerrando los ojos, intentamos visualizar el punto energético del chakra sexual, ubicado más o menos a la altura de la pelvis, como si fuera un objeto pequeño con forma de pelota, digamos de unos cuatro centímetros, hecho enteramente de agua (el agua es una de las formas más puras de la energía, a la vez que de las más fuertes a la hora de utilizarla en beneficio de algún trabajo energético). Vamos visualizando esta pequeña bola de agua que flota en nuestro interior a la altura de la pelvis como si comenzara a moverse hacia la pared del vientre, y entonces vemos cómo la atraviesa saliendo al exterior de nuestro cuerpo. La sentimos salir, es decir, sentimos el contacto del agua al pasar por la dermis y la epidermis, hasta que la pelota se coloca flotando a la misma altura del nacimiento de la pelvis, pero unos veinte centímetros por delante de nuestro cuerpo, en el aire.

Lo que hemos hecho con esta visualización es lo que se denomina "colocar el vórtice energético", una acción de manejo de energía que parece una simple visualización pero consiste en realidad en un desplazamiento del estado latente del chakra a un estado de energía movilizada. Esta explicación se da a título informativo, porque el desplazamiento se produce automáticamente tras la visualización, aunque quien lo practique no tenga idea de lo que está haciendo o de por qué sucede.

Cuando estamos concentrados en la visualización de la pequeña bola de agua flotando a veinte centímetros por delante de nuestra pelvis, hay que intentar mantener esa imagen a la vez que nuestra mente debe producir otra. Esta disociación puede ser algo dificultosa la primera vez, pero no es nada que no pueda lograrse rápidamente, ya que ni siquiera requiere una técnica especial. Simplemente hay que intentarlo, y saldrá bien.

Entonces, con la bola de agua-energía flotando en el aire, al mismo tiempo hay que "imaginar" una situación (de tipo sexual, en el caso de este ejemplo) en la que uno es el protagonista, pero todas las circunstancias son ajenas a su vida diaria; es decir: una situación, que además debe ser placentera y agradable, en la que uno pueda reconocerse a sí mismo pero no esté en ningún lugar que conoce ni con ninguna persona con la que tenga una relación en su vida cotidiana. Concretamente: como si se tratara de uno mismo pero en "otra vida". Esta situación "imaginada" estará basada, aunque uno no lo sepa, en una vivencia de otra existencia pasada, porque de no ser así uno no podría estar imaginándola.

Tenemos la visualización de la bola de agua energética flotando a veinte centímetros por delante de nuestra pelvis. Tenemos la visión de una situación en la que intervenimos, pero no reconocemos sus circunstancias porque supuestamente la estamos imaginando, inventando. Lo que sigue es unir la visualización con la visión.

La imagen que estamos viendo, esa situación supuestamente imaginaria, debemos ahora proyectarla desde nuestra mente hacia la visualización de la pelota de agua energética, exactamente como si estuviéramos moviendo la "pantalla" mental en la que observábamos la visión imaginada hacia otra posición. Cuando se llega a unir ambas imágenes (la visualización de la pequeña bola y la visión que hemos generado), la situación imaginada empieza a desarrollarse "adentro" de la pequeña pelota de agua, como si ésta fuera un cristal mágico dentro del cual la escena que hemos imaginado queda atrapada para siempre.

En este momento, se debe permanecer la mayor cantidad de tiempo posible, no menos de unos quince minutos, manteniendo fija en nuestra mente esa imagen que acabamos de combinar entre el chakra, representado por la bola de agua, y la experiencia kármica, representada por la escena que hemos "imaginado" y ahora vemos adentro de la bola de agua. De esta manera, lo que estamos haciendo es lo que se denomina "fijar el vórtice energético".

Finalmente, es necesario un último movimiento de visualización, mediante el cual retornaremos el chakra a su lugar original en la misma forma en que lo habíamos "sacado" a veinte centímetros fuera del cuerpo. Sólo que esta vez estamos introduciendo la experiencia kármica en nuestro interior en forma de energía contenida y depositada en el chakra sexual. Esa experiencia retrataba una situación en la cual lo que en este caso nos preocupaba (una supuesta disfunción sexual) no presentaba conflicto alguno, sino que por el contrario nos resultaba satisfactoria y placentera. Ahora es exactamente como un "reservorio" de energía "especialmente aplicable" al problema concreto que teníamos. Como si, a la manera de un farmacéutico o bioquímico, hubiéramos realizado un preparado específico destinado a atender el síntoma concreto que preocupaba. Mezclamos la experiencia kármica correcta con el chakra correspondiente y generamos el resultado: la energía, el remedio.

La energía ya está almacenada, y provino, mediante un simple ejercicio de visualización y visión, de una experiencia alojada en la memoria kármica. Un hecho de alguna vida anterior vino en nuestro auxilio en esta vida. Hay que recordar que sólo imaginamos lo que recordamos de nuestras vidas pasadas.

Con la clasificación funcional de los chakras que se da en el apartado "Vórtices energéticos", se puede cubrir una amplísima gama de situaciones, conflictos y problemas, simplemente asignando el chakra más adecuado a la situación conflictiva que vivimos y realizando el trabajo que acabamos de describir.

Evolucionando de vida en vida

En el apartado "La rueda del karma" se mencionó un concepto fundamental que es menester repetir aquí: el paso de una reencarnación a otra no significa que estemos "arreglando" problemas de vidas pasadas, sino que la "evolución" que ese paso implica es lo que nos va liberando de repetir los errores vida tras vida.

Para experimentar muy concretamente ese proceso de evolución de una vida a otra, es necesario practicar una experiencia meditativa que nos lo haga sentir en forma inequívoca.

Las condiciones ideales de esta experiencia meditativa implicarían la intervención de un profesional, porque mediante hipnosis es mucho más fácil producir el resultado buscado: una regresión temporal, una especie de viaje en el tiempo hacia el inicio de todas las cosas. De todos modos, individualmente también puede intentarse la experiencia, mediante la concentración, la visualización y, una vez más, la imaginación.

La experiencia que se explicará a continuación tendrá resultados progresivos. Es decir: se la deberá practicar repetidas veces, y naturalmente se irá perfeccionando. La primera vez puede resultar algo elemental, la segunda quizá más profunda, y así sucesivamente. El lector se sorprenderá de los "viajes" que llegará a realizar al tiempo de estar repitiendo este ejercicio. Y esto tiene una explicación muy simple: no hay límites para la imaginación.

La imaginación responde a los estímulos de manera directamente proporcional. Es muy importante entender esto. Un famoso guionista de televisión decía en una entrevista que la gente solía preguntarle cómo era posible que su mente imaginara cada día una nueva manera de continuar una historia, de tal forma que el público se siguiera sorprendiendo más y más a cada capítulo de su programa. "Me sorprende que se asombren de que yo pueda imaginar todo el tiempo una forma interesante de continuar la historia que cuento en el programa de televisión", comentó, "puesto que eso *justamente* es lo que no debería asombrar a nadie: cuanto más ejercitas la imaginación, más te responde. Tengo problemas cuando paso tres o cuatro meses sin trabajar, por ejemplo, cuando regreso de unas vacaciones o una vez que pasé seis meses enfermo. Allí sí que se me hace difícil empezar de cero, comenzar de la nada a imaginar todos los componentes de una historia. En cambio, cuando la rueda se echa a rodar, nada puede detenerla." Dicho de otro modo, se podría comparar la imaginación con ese otro milagro que es la posibilidad de una madre de amamantar a su hijo: cuando más leche de su pecho le dé, más producirá; en cambio, en cuanto esa madre empieza a dejar de amamantar a su bebé la leche comienza a retirarse hasta desaparecer.

Hay que tener muy presente esta idea y confiar en esa capacidad imaginativa común a todos, para lograr superar cualquier traba que nuestra mente pueda ponernos a la hora de exigir más y más a nuestra imaginación. Como la leche de una madre, no se agotará mientras no dejemos de utilizarla.

En cuanto a la experiencia práctica, en el caso de hacerla individualmente, sin ayuda de un profesional, el ejercicio podría denominarse "meditación profunda".

Es aconsejable efectuar la práctica en la noche, porque es más fácil generar una situación de silencio y tranquilidad. Como es un ejercicio meditativo e imaginativo, la actitud ideal para su práctica es acostarse cómodamente en una superficie firme pero acogedora, como sobre una alfombra mullida en el piso o utilizando una colchoneta no muy ancha.

Con los ojos cerrados, la respiración naturalmente irá tomando un ritmo parejo y sereno. Tras un par de minutos, se comienza a imaginar un recorrido muy puntual, que describiremos paso a paso.

La idea es reproducir el ciclo universal de la evolución. Por lo tanto, primero hay que percibirse como energía pura. Eso hubo en el comienzo, y de eso salió todo lo que es. Y en este momento, uno mismo es esa energía pura y primordial. Uno se imagina como energía pura, no hay forma, no hay cuerpo, no hay organismo físico, sólo luz y energía. Nada más que eso. No es difícil imaginarlo. Sólo hay que intentarlo, y muy pronto uno será sólo eso, como el principio del universo.

Ubicada la imaginación en esa energía primigenia, percibiéndose uno como pura luz, concentrado solamente en sentirse de esa forma, nos instalamos en el estado en que todo estaba al comienzo. El grado de concentración y abandono a este estado de profunda meditación debe ser total, así que no hay que permitirse pensar en el tiempo. De todos modos, si estamos realmente conectados con la experiencia que estamos llevando a cabo, no hay la menor posibilidad de que permanezcamos concentrados más tiempo del que la experiencia requiere, y mucho menos que vayamos a quedarnos dormidos o algo por el estilo.

Por lo dicho anteriormente, el paso entre fase y fase del ejercicio nos será dictado naturalmente por nuestra propia mente. La segunda fase consiste en imaginar el paso desde la energía primordial que somos al segundo estadio de la evolución: la materia. La energía del universo se concentró en materia orgánica y así dio lugar al nacimiento del mundo mineral. Primero, éramos todo energía; ahora llegamos a ser todo materia, nos percibimos como minerales elementales. Ahora somos la arena en los comienzos del planeta. Nos concentramos en esta imagen: no tenemos cuerpo ni forma y mucho menos voluntad. Somos arena. Podemos sentir cómo los otros elementos juegan con la arena que somos: el agua del océano nos moja, el viento nos mueve a voluntad. Somos la pura materia elemental. Sólo eso y nada más. E imaginamos que por sobre nosotros van pasando las eras del planeta. ¿Pueden ver la imagen? Los milenios en los que el planeta era poco más que una roca sin vida pasan por nuestra imaginación, mientras somos esa elemental arena. Es fácil de imaginar.

No importa cuánto tiempo "real" transcurre mientras tanto, porque uno está concentrado muy profundamente en su viaje evolutivo. Ahora han pasado las eras sobre la arena, y nuestra imaginación desarrolla la tercera fase. La materia elemental y mineral evoluciona hacia lo vegetal, el paso siguiente en la escala evolutiva, a mitad de camino entre lo inerte y lo vivo.

Somos vegetales: un alga marina en la playa, una hoja silvestre en una montaña. Y con este estado hemos adquirido algo muy nuevo y maravilloso: el movimiento. Ahora nos percibimos como una planta y, por lo tanto, tenemos raíces con movimiento propio. Estamos evolucionando, y mientras tanto vemos pasar las eras del planeta. Sentimos el roce de una hoja contra otra, percibimos el esfuerzo de una raíz que busca agua. Y pasan los ciclos terrestres y permanecemos concentrados en este segundo estado evolutivo.

Desde que éramos pura luz, pasando por el estado mineral y luego evolucionando hacia el vegetal, hemos ido adquiriendo diferentes sensaciones y capacidades. La luz se hizo arena, que evolucionó hasta adquirir la sensibilidad vegetal, y todo eso fue una larga tarea de perfeccionamiento y aprendizaje naturales, que posibilitó la aparición de una nueva fase evolutiva mucho más compleja y maravillosa.

Estamos ahora preparados para el siguiente salto evolutivo, la tercera fase: comenzamos a percibirnos como parte del primitivo reino animal. Somos cualquier clase de animal, haya existido o no, cualquier clase de ser con la capacidad de superar los estados anteriores: la mente. Primigenia, elemental, pero mente al fin. Ahora el movimiento es un don que podemos manejar. Ahora podemos tomar la fruta del árbol y al otro día podremos volver a tomarla porque adquirimos la memoria elemental. Nos concentramos profundamente en percibirnos como parte de ese reino animal que representa un increíble avance en nuestra evolución. Y así imaginamos cómo van pasando las eras.

En este punto, el grado de introspección

al que habremos llegado será verdaderamente profundo, algo parecido a lo que en ciertas escuelas de meditación se denomina "entrar en Alfa". Como dijimos más arriba, no es fácil este grado de introspección en la primera ocasión en que se practique este ejercicio, sobre todo si la persona que lo realiza no tiene, como sucede en la mayoría de los casos, una amplia experiencia en prácticas meditativas profundas: de ahí lo funcional que resulta llegar a este estado de introspección mediante la utilización de la hipnosis. Pero la simple repetición puede suplir lo que un hipnotizador lograría en una primera ocasión.

Pero continuemos el viaje. La evolución y el camino de perfeccionamiento que llevamos recorrido hasta aquí nos permiten alcanzar una nueva fase del viaje: nuestro nacimiento como seres humanos. Debemos percibir claramente cómo el animal se convierte en humano, en una operación luminosa de surgimiento del espíritu, que nos separa de la fase anterior. Imaginamos que del interior del animal surge una luz que lo libera de esa piel, bajo la cual estaba la persona, el hombre, el ser humano. Pero no es que nos imaginamos que nos hemos convertido en una persona normal con nuestro rostro y nuestro aspecto. No. Lo que tenemos que visualizar es el "estado humano", en la forma de un ser que no tiene nuestro rostro, sino todos los rostros, un ser que es esa imagen de perfección que todos llevamos en lo profundo de nuestras mentes, que no es otro que ese ser hecho "a imagen y semejanza", aunque no importe cuál sea el Dios particular en el que cada uno crea.

Ahora nos estamos percibiendo como el arquetipo de lo humano, y sentimos que hemos adquirido muchos más dones porque tenemos un espíritu que los produce. Seguimos estando en un lugar primigenio, seguimos percibiéndonos como si estuviéramos en los comienzos del planeta. Pero ahora somos humanos: tenemos sentimientos, memoria emotiva, capacidad de raciocinio, un corazón que percibe alegrías y penas. El paisaje primitivo sigue corriendo a nuestro alrededor, las eras pasan, y el ser humano siente que al pasar le van dejando más y más dones. La evolución espiritual y el perfeccionamiento son el sedimento que las eras van dejando en nuestro corazón.

En este punto de la experiencia, la imaginación nos debe llevar en un "viaje" mucho más concreto y cultural: es decir, nos percibimos como ese ser humano arquetípico que ahora empieza a evolucionar en un sentido mucho más científico del término, y entonces vemos cómo nos vamos convirtiendo concretamente en el hombre de las cavernas, en el primitivo hombre social, en el hombre que sin saber lo que está haciendo traza un primer dibujo en una cueva, en todos los hombres que van transformándose a lo largo de las épocas históricas de la humanidad. No importa cuánta cultura tenga quien haya llegado a este punto del ejercicio: verá todas las eras culturales de la humanidad representadas en su viaje hacia la evolución espiritual. Esta etapa del ejercicio será para el practicante una experiencia inenarrable, porque verá desfilar por su mente un interminable carrusel de seres que no conocerá y en los que a la vez se reconocerá. Esta etapa del ejercicio lo pone a uno en contacto con los distintos estados por los que su alma pasó desde el principio de los tiempos hasta su encarnación actual.

Es importante entender esto: la persona no podrá recordar una a una sus miles de vidas anteriores, sino que "sentirá" por primera vez que tuvo esas vidas, pero no podrá detenerse en cada una. Es más: no debe intentarlo. Ese pasaje vertiginoso a lo largo de la historia humana debe ser vivido sólo como un fogonazo cuya función es instalar, en lo profundo del inconsciente del practicante, la certeza de las vidas anteriores, la idea de que él estuvo allí, allá, en todas partes de una u otra forma, y que esa carrera vertiginosa de una época a otra es el resultado de una evolución que nació en aquella luz primordial y por ahora, sólo por ahora, acaba en esta persona que uno es hoy.

Además, también es allí donde acaba la práctica del ejercicio: de repente la mente nos ha traído de nuevo a este ser que somos hoy, aquí, en esta encarnación. Estamos de regreso, podemos abrir los ojos (sin duda nos sorprenderemos al notar que esa experiencia que pareció ser prácticamente eterna quizá duró apenas una media hora), podemos sentarnos y respirar hondo, y luego estaremos listos para meditar. Meditar, esta vez, la experiencia. ¿Qué sentimos tras el viaje que realizamos? ¿Hasta qué punto creemos que hemos logrado profundizar en el paso a paso de la evolución? ¿Qué sensaciones nuevas podemos percibir en nosotros si recordamos diferentes momentos de ese viaje imaginativo? ¿De qué manera creemos que esta práctica nos ha aportado algo? ¿Qué nuevo aspecto del viaje evolutivo hemos visto en este viaje en relación con prácticas anteriores del ejercicio? Esta es la clase de preguntas que, ahora con total conciencia, debemos hacernos después de cada experiencia. Las respuestas, inevitablemente, irán variando en la medida en que la experiencia con la práctica repetida se vaya haciendo más y más profunda.

Quien nunca haya intentado una experiencia parecida y en general no tenga demasiada práctica en realizar ejercicios de meditación quizá vea esto como algo difícil de realizar o, también, como algo fantasioso. Lo que podemos asegurar es que esa persona se sorprenderá enormemente al comprobar que para alcanzar los resultados deseados, este tipo de ejercicios no requiere la convicción del que lo realiza ni de una gran sapiencia ni conocimiento de técnicas de meditación. El ejercicio sólo requiere atención y concentración, pero luego empieza a funcionar sólo porque se disparan los mecanismos de la memoria kármica que están en lo profundo de todo ser humano. En ese estado se podría decir que la memoria kármica funciona como en "piloto automático", sin que la mente consciente pueda ya intervenir.

Asimismo, las personas que profundicen en la práctica de este ejercicio muy pronto sentirán que quieren ir "más allá", empezar a profundizar en casos concretos de vidas anteriores. Esto ya no es tan simple y requiere, por una parte, una formación previa en la temática de la reencarnación, vidas pasadas, karma, etcétera. Por otra parte, requiere la participación de un profesional serio que sepa conducir clínicamente experiencias, como por ejemplo las regresiones, ya que se trata de experiencias espirituales y humanamente muy fuertes, que mal conducidas pueden generar consecuencias desagradables, traumas, malos momentos. De ahí la importancia de que la persona se forme en esta temática: para que sepa reconocer en el lenguaje de un profesional la seriedad de sus conocimientos. Además, conocer con cierta amplitud la filosofía de la reencarnación y sus temas conexos es imprescindible para poder comprender lo que nos ha sucedido en nuestras vidas pasadas.

En la cultura occidental moderna, cuando uno se enferma acude al médico y es él quien se ocupa de decirnos qué tenemos y qué tratamiento debemos seguir. A nadie se le ocurre aprender medicina antes de ir al médico. Sin embargo, en el caso del trabajo de comprensión acerca de nuestras vidas pasadas, que también es una suerte de "tratamiento" para atender nuestras dolencias kármicas, sí tenemos que aprender medicina antes de hacernos atender. ¿Por qué? La razón tiene que ver con el sentido común: si lo que buscamos al ponernos en contacto con nuestras vidas pasadas es intentar mejorar nuestro karma para permitir una más rápida evolución en esta vida y en las posteriores, es obvio que debe ser cada uno quien entienda perfectamente de qué se trata lo que ve porque es "su" karma el que debe mejorar. Nadie, ni el más maravilloso de los profesionales, puede generar karma bueno para otro. Cada uno es el arquitecto de su karma, y si bien está en relación con todas las personas que lo acompañan en este paso por la vida y que quizá lo han acompañado en los anteriores, sólo uno mismo es juez y parte de los asuntos kármicos de su alma.

Beneficios de conocer nuestras vidas pasadas

Los beneficios de incursionar en nuestras vidas pasadas, mediante regresiones inducidas por terapias diversas, son realmente increíbles. Si de hecho la práctica del psicoanálisis ha demostrado ser muy beneficiosa y básicamente se trata de una técnica de análisis de todo lo que se alojó en el inconsciente desde la infancia, ¿cuánto más beneficiosa será la posibilidad de ir mucho más atrás, mucho más allá de la infancia, hacia las vidas que hemos vivido durante siglos?

Estos beneficios se verifican en áreas muy concretas y de suma importancia para la vida cotidiana, como la salud. También conocer las vidas pasadas puede incidir muy favorablemente en nuestra vida de relación a todo nivel (social, sentimental, familiar). Además, sirve para activar talentos y capacidades que quizá ni siquiera uno mismo sabía que poseía; también ayuda a reencauzar rumbos cotidianos incluso en lo económico. En definitiva, al entrar en contacto con la realidad de que hemos sido otros podemos entender que también "seremos" otros, con la posibilidad de perfeccionamiento. Esto equivale a decir que podemos empezar a dejar de lado el miedo enfermizo a la muerte.

Si conocemos algo más acerca de quiénes fuimos y trabajamos para ser mejores en una próxima encarnación, la muerte ya no se presentará como esa sombra atroz que pende sobre nuestros días. Ahora bien: perder el miedo enfermizo a la muerte no quiere decir que ya no sea importante para uno. Pero una cosa es respetar a la muerte y aceptarla como parte inevitable del ciclo circular de las reencarnaciones, y otra muy distinta vivir atosigados por la idea de que vamos a morir algún día.

En Occidente, especialmente, la muerte es un tema desagradable al que le tenemos enorme aprehensión y en general tratamos de evitar siquiera nombrarla, lo mismo que se hace con el cáncer. Cuando alguien muere de cáncer, se suele oír decir que fue "víctima de una cruel enfermedad", o algo por el estilo. Ese miedo a la muerte es una cadena que arrastramos, y que genera mal karma. Temerle tanto a la muerte es como decir que no tenemos interés en progresar en nuestra rueda kármica y nos conformamos con el grado de imperfección que hasta aquí hemos alcanzado. Mucho más sano resulta aceptar y respetar la idea de la muerte, lo que no significa desearla o llamarla. Hay que saber y aceptar que está al final del camino de esta vida. Y, una vez despojados de ese miedo, trabajar para que cuando sea el turno de cada uno estemos preparados para cerrar este camino y empezar uno mejor.

A través de resultados concretos de terapias acerca de vidas pasadas, uno experimenta en forma concreta y práctica el hecho de tener a su disposición esa permanente nueva oportunidad de volver a vivir y reparar y mejorar el karma. La certeza de que no morimos cuando muere nuestro cuerpo nos proporciona una sensación muy profunda de paz que inunda todos los aspectos de nuestra vida cotidiana. La idea de morir sin más puede ser muy deprimente, y de hecho eso sienten quienes creen que sólo existe esta vida.

En los casos clínicos registrados por diversos terapeutas y profesionales que trabajan con las vidas pasadas pueden encontrarse infinidad de ejemplos acerca de cómo funciona y qué incidencia tiene esta terapia en la vida de los pacientes tratados. Prácticamente no hay síntoma físico o mental que no provenga de la rueda del karma (la única excepción son los síntomas que resultan del llamado "karma instantáneo", es decir, el resultante de acciones que cometemos en esta vida y que afectan instantáneamente a esta vida). En algunos casos, se mezclan situaciones que involucran la salud, la vida afectiva y la paz del alma.

Una célebre terapeuta norteamericana cuenta el caso de una de sus pacientes: se trataba de una mujer de alrededor de 35 años, de nivel medio-alto, buena educación, que vestía muy bien. Esta paciente nunca lograba una relación de pareja estable; la mujer pensaba que de alguna forma era ella misma quien se ponía trabas para tener buenas relaciones amorosas; además, tenía un sobrepeso de al menos unos quince kilos; por supuesto, ella también creía que su aspecto físico la perjudicaba y dificultaba sus relaciones con los hombres, lo cual era bastante lógico.

Tras varias sesiones en las que intentaron efectuar regresiones hacia vidas pasadas en busca de una posible causa para el problema actual de la paciente, finalmente la terapeuta logró llevarla hacia una vida en la que la paciente había sido una prostituta en la Inglaterra del siglo XVIII. La paciente empezó a recordar aquella vida dura y sórdida. Las heladas y miserables calles de la zona baja de Londres, sus relaciones vertiginosas y sucias con ocasionales clientes, y los inacabables días de hambre, de mucha hambre.

Había sido una vida realmente muy mala para ella. Muy desgraciada, casi hasta lo insoportable. Durante la regresión, la paciente pudo revivir la inmensa tristeza de verse atrapada en una actividad que le resultaba sumamente dañina para su alma. Esta sensación fue el punto central para que la regresión sirviera como ayuda para su problema actual.

Pero antes de continuar hay que explicar un detalle técnico. Cada uno de nosotros posee lo que especialistas como Denise Linn denominan "matriz bioenergética", es decir, el campo de energía particular de cada uno, formado por los diferentes aspectos de los campos de energía, que incluyen: el cuerpo emocional, el cuerpo astral, el cuerpo etéreo y el sistema bioeléctrico (el sistema de meridianos sobre el que se basa la acupuntura). La idea es que las creencias, las vivencias, la educación, las experiencias que uno va teniendo a lo largo de una vida no están simplemente en la mente, sino que se graban en estos campos energéticos que se agrupan en lo que acabamos de describir como "matriz bioenergética".

Volviendo al caso que estábamos relatando. Durante la regresión, la paciente tomó contacto con la tristeza profunda de la vida que llevó en las calles de Londres como prostituta y comprendió que en ese momento se había formado en ella una creencia que podría expresarse aproximadamente así: "Si soy atractiva los hombres desearán mi cuerpo y entonces nunca saldré de esta vida barata y degradada". Esa creencia, indudablemente, se imbuyó en su matriz bioenergética, y la paciente llegó con ella a esta vida.

La paciente descubrió, gracias a esta regresión, que aunque conscientemente ella quería sentirse atractiva y deseaba mucho tener una relación duradera y satisfactoria con un hombre, en su subconsciente tenía terror de que esto sucediera, porque saber que los hombres se sentían atraídos hacia ella le recordaba el sufrimiento y la degradación que había vivido. Este sentimiento controló y manejó su vida desde cuando era una niña. Cada vez que percibía que un hombre se sentía atraído por ella, en su subconsciente sonaba la alarma y era ella misma quien, sin saberlo, hacía todo lo posible para frustrar cualquier posible relación. En lo más profundo de su ser estaba fijada a fuego la idea de que atraer a los hombres la convertía en aquella prostituta y que, por lo tanto, sería infeliz sintiéndose degradada y sucia por siempre.

Al poder ver y comprender, gracias a la regresión (es decir, gracias a "haber estado allí"), cuál era el origen de sus dificultades para relacionarse y también de su tendencia a deformar su propio cuerpo (por ejemplo, mediante el sobrepeso, que ninguna dieta lograba dominar), la paciente pudo encarar con una nueva visión su problemática y lograr que su vida cambiara por completo. Supo que aquí y ahora ella podía hacer algo para cambiar el karma que traía de su vida anterior. Al hacerlo estaría también mejorando en general su karma, por lo cual en una próxima vida se vería beneficiada por ese cambio. Así que simplemente empezó a respetarse como mujer atractiva, a no temerle a la atracción que empezaría a ejercer sobre los hombres. Por supuesto, sin demasiado esfuerzo comenzó a bajar esos quince kilos de más, ya que la causa no era ni física ni hormonal, sino simplemente un mal karma que traía en su matriz bioenergética. Resuelto este mal karma, los síntomas comenzaron a desaparecer.

Esta última idea nos lleva a un tema muy importante, que también puede ser motivo de una terapia de regresión a vidas pasadas. Veamos: muchos de los procesos humanos tienen que ver con secreción de glándulas y producción de hormonas y otros componentes químicos que nuestro organismo genera; incluso situaciones que parecen ser de índole emocional muchas veces dependen de alguno de esos procesos; de hecho, muchos de los aspectos de la relación de pareja humana están regidos por procesos hormonales, aunque la mayoría de nosotros creemos que sólo se producen por la magia del corazón. Cuando estos procesos no funcionan a la perfección, muchas personas padecen trastornos en algunas de estas funciones biológicas hormonales y glandulares. Lo que muchos no saben es que el origen de estos trastornos muy probablemente esté en una vida pasada. ¿Por qué esto puede ser así? Lo analizaremos:

Hemos dicho ya que uno "graba" sus circunstancias y experiencias de diversas maneras y en diversos campos energéticos. De hecho, el propio cuerpo físico es un depósito de información que se convertirá en datos kármicos que transmitiremos a futuras encarnaciones. En el momento de morir, las glándulas y hormonas tienen ya una carga enorme de memoria kármica que, funcionando como una especie de banco de información genética de nuestro karma (como lo es el ADN para lo estrictamente biológico), se traspasará al sistema glandular y hormonal de nuestra nueva encarnación. ¿Qué pasa si dentro de esa información traemos datos "fallidos", producto de malas acciones kármicas de existencias anteriores? Seguiremos repitiendo y empeorando las mismas situaciones, en lugar de "limpiarlas" para mejorar el karma futuro.

Por eso es muy útil e importante utilizar sesiones de regresión que se denominan "internalizantes". Esto es: no se regresa a una vida social anterior, sino que se vuelve hacia atrás en nuestra historia biológica. Son viajes al pasado celular del ser humano. Cada célula lleva un bagaje de información kármica al que se puede acceder exactamente igual que se accede al recuerdo de vidas sociales pasadas. Al realizar una de estas regresiones, no se comprende exactamente qué parte de karma malo puede haber en esa parte de nosotros mismos, porque eso no sucedería ni aunque uno fuera el más eminente biólogo del mundo. Esta clase de regresiones no tienen por fundamento "entender" algún proceso determinado para aplicarlo a la vida presente, sino que se trata de una acción de "limpieza" y reciclaje de ese sistema celular kármico.

El solo hecho de realizar la experiencia (sólo se logra con la asistencia de un especialista) ya es el fin en sí. El movimiento de regresión y el desplazamiento de la conciencia por el pasado celular son en sí mismos los detonantes de un acomodamiento de la información kármica celular, que de esta manera pasará a nuestra siguiente vida con un potencial mucho más puro de karma positivo.

En resumen, los excelentes resultados que se obtienen acudiendo a las terapias de vidas pasadas se deben a que estas prácticas permiten realmente llegar a la fuente del problema. Si bien es cierto que muchos de los problemas que alguien padece se originan en la infancia y adolescencia (y para ello no hay nada mejor que las terapias tradicionales, como el psicoanálisis), mediante lo que ya definimos como "karma instantáneo" –es decir, el que vamos produciendo durante esta vida– también arrastramos muchos problemas provenientes de vidas anteriores. No tiene ningún sentido tratar estos problemas con terapias comunes, ya que estaríamos tratando un síntoma y no una causa; y es sabido que los síntomas no se curan si no se ataca la causa.

Muchos de nuestros miedos, compulsiones y fobias tienen una fuerte raíz en un pasado lejano y desconocido para nosotros mismos. Para ponerlo en términos más claros: es muy probable que un hombre que odie usar corbata, en una vida anterior haya muerto por ahorcamiento; ahora, al experimentar recuerdos de esa vida (aunque no los reconozca) empieza a tener fobia en su vida actual.

Si hemos padecido en vidas pasadas sucesos traumáticos y alojado en nuestra memoria kármica emociones como el miedo, la ira y la pena, estas emociones quedan grabadas y comienzan a formar parte de nuestros campos de energía. De este modo, las vamos arrastrando de una vida a otra. A lo largo de vidas sucesivas vamos sumando más de estas emociones y formamos así una barrera que dificulta cualquier camino de mejoramiento que intentemos en la vida presente. Cuando regresamos al momento en que una emoción se alojó en nuestra memoria kármica y tenemos la oportunidad de sacarla a la superficie, podemos liberarnos de ella haciendo que deje de controlarnos.

Este es un punto central y debe ser comprendido cabalmente: no son las emociones en sí las que crean esta problemática en cada vida, sino "nuestras reacciones" ante esas emociones, que generalmente se alojan en nuestro interior hasta bloquearnos. Esa es la "basura" kármica que vamos juntando.

El siguiente ejemplo ilustra lo que acabamos de explicar. Un paciente tenía un problema central en su vida de relación: jamás se animaba a decir lo que realmente pensaba, y eso por supuesto le fue creando un gran sentimiento de frustración e insatisfacción. Mediante una regresión, el paciente se vio a sí mismo en otra vida en que fue un soldado egipcio. Recordó un suceso central de aquella vida: una vez dijo a otros soldados que él no creía realmente que el faraón fuera un descendiente directo de los dioses, sino que para él no era más que otro ser humano común como cualquiera de ellos. Los demás soldados se enfurecieron con él, intentaron golpearlo, lo persiguieron hasta que accidentalmente él cayó por un barranco. El paciente recordó claramente que tras esa caída, experimentó un fuerte sentimiento de frustración, porque entre aquellos soldados que lo perseguían estaban sus mejores amigos, y él simplemente pretendía comunicarles su opinión. Allí tomó la decisión de jamás volver a compartir lo que sentía. Esta experiencia era la causa de que ahora no pudiera hablar ni siquiera con sus mejores amigos.

En este caso, lo que le generó un mal karma a este paciente no fue "decir lo que pensaba", sino reprimirse por el resto de aquella vida. En la actualidad, repetía el karma que había generado entonces. Por supuesto, al experimentarlo y comprenderlo, se liberó.

Por qué funcionan las visualizaciones

La visualización es una técnica que repetidamente se menciona cuando se habla de regresar a vidas anteriores. Ahora bien, ¿qué clase de certeza nos puede brindar algo que, en último caso, es nuestra misma mente la que lo produce? Veamos: en primera instancia, ya hemos visto en repetidas ocasiones que lo que llamamos "imaginación" e "intuición" son sólo movimientos de nuestra memoria kármica. Sólo imaginamos lo que ya traemos adentro, sólo podemos intuir lo que ya sabemos. Por lo tanto, la visualización encuentra "todo su poder" en el hecho de que es nuestra mente la que la produce. Nuestra mente sólo puede visualizar lo que ya está en ella.

Pero hay además otros motivos científicos que avalan la utilización de técnicas de visualización. Está comprobado científicamente que visualizar imágenes en determinadas condiciones puede producir cambios psicológicos y físicos, en algunos casos en un grado mayor que mediante la experiencia directa.

En la Universidad Jagiellonski de Cracovia (una de las más antiguas de Europa) se llevó a cabo una investigación sobre el tema de las visualizaciones, que arrojó sorprendentes resultados. Se formaron tres grupos entre los estudiantes universitarios, todos ellos integrantes de los equipos deportivos de la universidad, y entre los tres se realizó una competencia de penaltis de rugby. Se anotaron los promedios de efectividad de cada grupo. Luego hubo un intervalo de treinta días, durante los cuales uno de los grupos no volvió a practicar tirar penaltis, otro practicó tres veces por semana, y el tercero no practicó pero durante los treinta días realizó técnicas de visualización enfocadas hacia la efectividad en los tiros.

Al cabo de este período de tiempo, volvieron a competir. El grupo que no había practicado no mostró ninguna mejoría en su desempeño. El que practicó los penaltis elevó su efectividad en un treinta y dos por ciento. Lo sorprendente fue que el tercer grupo, el que no había practicado pero había trabajado en visualización, aumentó su efectividad en un contundente veinticuatro por ciento. Es decir, quedó demostrado que la técnica de visualización había provocado resultados prácticos y concretos, que no estuvieron muy lejos de los que hubieran obtenido practicando penaltis todos los días.

Esta efectividad de la visualización se comprobará fácilmente también cuando la utilicemos para las regresiones a vidas pasadas. Si una persona logra visualizar un viaje a una vida anterior y resolver en ella algún conflicto, esta experiencia quedará registrada en su memoria kármica y su subconsciente la tomará como una solución real y práctica que aplicará a la realidad actual.

Es obvio que la única condición para que una visualización tenga un resultado concreto es que se la encare con seriedad y convicción. Es nuestra memoria kármica la que nos dota de todas las posibilidades de imaginación, intuición y visualización, pero para que la memoria kármica fluya a voluntad debemos trabajar sobre nuestra mente, que es la que nos impone diversas visiones de la realidad y la que nos somete a menudo a presiones y trampas. Si nuestra mente interfiere de manera negativa cuando estamos por iniciar un ejercicio de regresión, no lograremos nada. ¿Cómo puede interferir la mente? De la única forma en que siempre lo hace, con "la duda". Pero está en cada uno de nosotros controlar y desarmar ese mecanismo habitual de la mente, que no es otra cosa que una expresión del miedo a conocer y evolucionar. El secreto para lograr esto está en el trabajo sobre la relajación. Antes de lanzarse a la regresión, hay que tener una práctica concienzuda de la relajación, tal y como se la explica en el apartado "Una técnica de relajación previa a la regresión" (ver más adelante).

Si estamos bien entrenados en esa relajación, la mente queda desarmada y podemos sumergirnos con tranquilidad en el trabajo sobre la regresión a vidas pasadas.

Tecnica elemental de la visualizacion

Todo, absolutamente todo lo que la mente puede realizar es una cuestión de técnicas y entrenamiento. Quizás alguno de los lectores piense que él no tiene idea de cómo lograr una visualización y por desconocimiento del tema suponga que se necesita alguna condición previa para lograrlo, como cierta capacidad visionaria o paranormal. Nada más alejado de la realidad. Visualizar es sólo "ver" en nuestra mente, y, como ya se dijo, uno está henchido, desbordante de visiones interiores porque las trae de sus vidas anteriores, son su "memoria kármica". Lo único que hay que hacer es convocar esa memoria, y eso no tiene grandes secretos.

Para quien crea que experimentar una visualización es algo reservado para elegidos, sólo practique el ejercicio siguiente con cierta asiduidad durante dos o tres semanas, y ya estará en condiciones de intentar experiencias más profundas, como por ejemplo, una regresión individual. Nuestra mente, la de cualquiera de nosotros, está capacitada para todo. Sólo es una cuestión de técnica y entrenamiento.

Como se ha dicho, el siguiente ejercicio

es especialmente indicado para quien nunca haya tenido una experiencia de visualización, o eso es lo que supone, puesto que en cuanto comience a adquirir práctica se dará cuenta de que en realidad muchas veces practicó visualizaciones, sólo que no se daba por enterado. Pasemos al ejercicio.

Para las primeras experiencias es conveniente buscar ayudas externas. Los olores, las texturas, los sabores, los sonidos, son todas cosas que ayudan a la mente a conectarse con la imagen que se busca visualizar. De hecho, es recomendable realizar la primera experiencia en un lugar abierto, como un parque o cualquier sitio donde pueda tenerse contacto directo con vegetación, durante la noche, y agregando otros elementos que se mencionarán en el momento oportuno. Estas "ayudas" contribuyen a acortar el camino entre "ver la imagen" y "sentirla corporalmente", que es el objetivo final de la visualización. Si la mente, a la vez que imagina, por ejemplo, un paisaje, es estimulada externamente mediante, por ejemplo, una fragancia, rápidamente esa imaginación se trasformará en sensación corporal, es decir, se sentirá la presencia física del paisaje que se está visualizando.

Por eso es ideal comenzar en un parque o campo abierto. Así el practicante puede recostarse en contacto directo con el pasto o la hierba. La oscuridad de la noche será también de gran ayuda. Una vez recostado con la espalda sobre el pasto o la hierba, simplemente se debe comenzar a imaginar que todo alrededor, hasta donde alcanza la vista, no es más que hierba, pasto, pradera llana. Las palmas de las manos deben estar en contacto directo con el pasto, para apoyar la visualización. Cuando se ha logrado "ver" este campo aparentemente sin fin, el practicante se concentrará en respirar los olores y perfumes de ese paisaje.

Empezará a sentir aromas de hierba, frescura, serenidad. Sobre estas sensaciones, debe imaginar que la luz del sol "se enciende" como si fuera un reflector de intensidad graduable. Es decir: no es que de golpe todo es luminoso como si uno hubiera abierto los ojos al sol, sino que la luz "real" de nuestros ojos cerrados mientras estamos recostados en ese parque o campo nocturno comienza a virar lentamente hacia el naranja primero y finalmente hacia el amarillo brillante, hasta casi encandilar y cubrir con su brillo el campo sin fin que estábamos imaginando. La imagen del campo se va fundiendo en la intensidad de la luz que crece; pero la luz es también calor, así que tanta intensidad de luz se va traduciendo también en una agradable sensación de calor que invade todo el cuerpo del practicante, desde adentro hacia afuera porque es desde adentro de donde viene tanta luz.

Cuando el practicante esté concentrado en esto, llegará un momento en que la luz lo llenará todo, como si tanta luminosidad se hubiera devorado el paisaje y todo lo que hay alrededor fuera sólo esa inmensidad de luz. Sobre esta imagen de luz absoluta, el practicante podrá sentir que ya no hay un suelo que lo sostenga, sino que está flotando plácida y serenamente en esa luz que lo sostiene y comienza a mecerlo. Todo es luz alrededor, porque el practicante acaba de entrar en su "santuario interior". Ha llegado muy lejos y muy profundo, dentro de sí mismo. Ha hecho un viaje espiritual desde el contacto con la tierra, que es la madre de la vida, hacia la luz de su santuario interior, que es el fundamento de toda la vida.

Sí: eso es lo que ha hecho. Con este sencillo ejercicio que le exigió un mínimo de esfuerzo imaginativo y de relajación, el practicante ya ha logrado alcanzar lo que quizá nunca en su vida hubiera alcanzado: su propio santuario interior. Y no lo hubiera alcanzado simplemente por desconocer que con una sencilla técnica se llega muy profundo. Muchas veces este tipo de temas se rodea de halos misteriosos que no contribuyen a la claridad ni ayudan a que cualquier persona se conecte a fondo consigo misma. Pero si el fin es viajar hacia el interior de uno mismo, ¿cómo podría ser difícil, arduo y complicado el camino? Todo lo que uno es está ahí, en uno mismo. Sus valores, su equipaje de karma, sus posibilidades de evolución. Está ahí, es propiedad de cada uno. Bien mirado, es obvio que conectarse con eso no tiene que ser demasiado complicado.

Este ejercicio, no obstante, debe ser practicado bastante porque las primeras veces la generación de la imagen del campo que se funde en la luz y todo lo demás es más que nada un esfuerzo imaginativo. La repetición de la práctica va haciendo que el proceso se haga cada vez más natural y casi podría decirse autónomo, dejando paulatinamente de depender de la imaginación visual. Es, como ya se dijo, un entrenamiento. Cualquier músculo que uno ejercite en principio necesita un trabajo muy localizado, y a medida que se desarrolla va respondiendo sólo a las exigencias del trabajo. Lo mismo sucede con la visualización del santuario interior. Primero hay que "imaginarlo". Muy pronto simplemente se lo podrá "ver", porque allí está siempre.

El lector quizá se pregunte: "Si así me conecto con algo tan profundo e íntimo como lo es el santuario interior, ¿por qué denominan a este ejercicio 'Técnica elemental de visualización'?" La respuesta es sencilla: lo profundo puede además ser simple.

La dificultad de, por ejemplo, trabajar en regresiones sobre las vidas pasadas y de hecho transportarse hacia un pasado quizá remoto para verse a uno mismo en otra vida, no reside en que las técnicas a utilizar sean de complicada realización. La dificultad no está en llegar al pasado, sino en saber qué puede y debe hacer uno con esas experiencias que estará volviendo a experimentar. Llegar no es complicado. Lo trabajoso es saber sacar provecho de ello.

Preparandonos para viajar hacia atras: Como adiestrarse en las regresiones

Las experiencias directas con regresiones a vidas pasadas requieren, como ya se dijo, una amplia preparación previa, tanto en el aspecto de los conocimientos teóricos e históricos sobre el tema como de algunas condiciones mentales y físicas que nos ayudarán en el momento de enfrentarnos a la tarea de volver hacia atrás en nuestra historia kármica.

Las experiencias más profundas se lograrán cuando uno cuente con la asistencia de un profesional. Pero eso no significa que no haya posibilidades de intentar una regresión individualmente. Esto también es posible. Pero, una vez más, requiere un adiestramiento previo.

Hay que entender que estamos hablando de experiencias muy profundas, que tocan puntos densos y complejos de nuestra historia pasada de los cuales no tenemos ni idea en nuestra vida presente. Por este motivo, en cierta forma sabemos que nos vamos a exponer a experiencias que pueden ser muy conmovedoras; de hecho, que pueden transformar nuestra vida para siempre.

La primera certeza que se debe tener es que uno es capaz de controlar sus propios sentimientos. La idea central de nuestra mente ha de ser "estoy haciendo algo por mi bien y no me dejaré llevar por este sentimiento oscuro que ha surgido de pronto" (porque esto puede pasar). Nunca se debe dudar en recurrir a la ayuda de un amigo cuando uno siente el más mínimo asomo de duda o confusión. Además, compartir esta clase de experiencias con personas cercanas a nuestros afectos constituye una excelente manera de integrar nuestras vidas pasadas a la vida presente. Y de todos modos, al elegir a esa persona que lo acompañará en su trabajo, esa elección sin duda recaerá en algún ser "especial" para uno. No sería nada extraño que en algún momento descubriésemos que esa persona elegida ha tenido muchísimo que ver con nosotros en alguna de nuestras existencias anteriores.

Pero sólo se debe profundizar individualmente en estas experiencias mientras uno sienta que permanece sereno y puede controlar todo lo que va surgiendo. Cuando esto no es así y cuando no alcanza con la asistencia espiritual y física de un ser cercano, pues entonces es tiempo de abandonar la experimentación individual y continuar bajo la guía de un terapeuta.

Entrando de lleno al tema, vale recordar la idea central de la búsqueda de vidas pasadas –"La imaginación es la mayor o menor capacidad que tiene cada persona de traer al presente las experiencias de cada una de sus vidas pasadas"–, ya que será la imaginación la primera de nuestras aliadas en el trabajo.

Pero no nos arreglaremos sólo con la imaginación. Debemos empezar por buscar "pistas" acerca de nuestras vidas pasadas. Sí: nuestra vida presente está sembrada de pistas e indicios sobre las anteriores. Por lo tanto, hay que comenzar por buscar en la vida presente el camino hacia atrás. Es muy conveniente, además, que estas primeras experiencias se manejen en un nivel muy consciente, distinto de los estados alterados de conciencia en los que se suele entrar para viajar hacia el pasado.

El primer trabajo que uno debe tomarse es muy concreto y práctico, y enseguida hará pensar en pesquisas de detectives. Y de eso se trata. Hay que juntar información acerca de todos nuestros hábitos, costumbres y posiciones en la vida actual. Un dato suelto no tiene gran implicancia, pero en el entrelazado de datos es donde empezará a aparecer un esquema reconocible que puede conducirnos por el buen camino en nuestras búsquedas posteriores. Para ello, utilizaremos una clasificación bastante común a todos los terapeutas de vidas pasadas, que consta de los siguientes puntos:

- Ocupaciones
- Raza y herencia
- Talentos y habilidades
- Estilos de vestir
- Juegos infantiles
- Animales y mascotas
- Preferencias en comidas
- Libros y películas
- Rasgos y peculiaridades de la personalidad
- Miedos y fobias
- Sueños
- Climas
- Culturas
- Períodos de tiempo o sucesos históricos
- Situaciones geográficas
- Arquitectura
- Experiencias d*éjà vu*

Cada ítem de esta lista debe ser escrito como título en una hoja en blanco. Un tema por hoja. Algunos de los puntos (ocupaciones, raza y herencia) tienen que ver con información muy concreta y definida, casi estadística; otros hacen referencia más a la observación (miedos y fobias, talentos y habilidades); y los hay también orientados hacia las preferencias (libros y películas, arquitectura, etcétera). El ítem denominado "Experiencias *déjà vu*" hace referencia a esas situaciones, ya citadas en otros apartados, en las que uno está seguro de haber estado antes en un sitio donde supuestamente es la primera vez que va, o siente que ya conocía de antes a una persona que le acaban de presentar. Seguramente cada uno recordará más de una de estas experiencias *déjà vu* ("ya visto", en francés) a lo largo de su vida.

Una vez rotuladas todas las hojas en blanco cada una con un ítem de la lista, hay que empezar a completarlas. En una primera redacción, probablemente se anoten varios datos en cada rubro. Pero no hay que completar este trabajo de una sola vez. Por el contrario, tras la primera anotación de datos se recomienda olvidar el asunto por ese día. A partir del día siguiente, es muy probable que la mente ya esté en la frecuencia adecuada y empiece a disparar datos de uno u otro ítem en cualquier momento del día, aunque uno esté enfrascado en otra actividad. Hay que ir anotando esos datos sueltos y volver a revisar cada vez la lista completa de cada ítem. Al cabo de unos cuatro o cinco días, puede darse por completada esta primera fase del trabajo.

Ahora bien: tomados en forma dispersa, los datos son apenas una desordenada suma de gustos y preferencias. Pero si uno dispone ante sí todas las hojas y empieza a estudiarlas concienzudamente, empezará a ver un cierto esquema que le resultará reconocible.

Verá cómo, por empezar, hay datos coincidentes en diferentes hojas. Supongamos: en "Comidas", "Habilidades" y "Películas" aparecen referencias claras a la cultura japonesa, aunque en la hoja de "Culturas" no se mencione esta. Quizá las respuestas eran "sushi", "origami" y "películas de samuráis". Esto da casi la certeza de que el Japón ha estado involucrado en alguna vida pasada de la persona que realizó el trabajo.

O también, por ejemplo, puede suceder que en "Animales" se haya escrito la preferencia por el caballo, entre otros. Volviendo a mirar la lista a la luz de estas nuevas sensaciones, si el caballo es entre los animales anotados el que de alguna manera se presenta como un elemento de mayor identificación en esta segunda lectura, sin duda habrá que pensar en una vida anterior como miembro de alguna de las comunidades en las que el caballo tuvo gran importancia, como por ejemplo entre los mongoles o entre los cosacos.

En algunos de los puntos hay que estar particularmente atento, dada la vaguedad de su formulación. Es el caso de "Rasgos y peculiaridades de la personalidad", ya que cualquier pequeño gesto que uno reconozca como repetitivo o característico puede ser la llave a una vida pasada que quizá jamás hubiéramos imaginado. Un terapeuta de vidas pasadas recuerda el caso de una mujer que siempre que se sentía estresada, se le secaba la garganta y se la frotaba con dos dedos. Esta mujer, en una regresión, descubrió que en una vida pasada le habían clavado un cuchillo en la garganta. Cualquier situación de estrés la hacía recrear, sin saberlo, aquella situación.

Ahora bien: ¿cómo estar seguro de las asociaciones que uno mismo establece de acuerdo con la comparación de los datos anotados? ¿Cómo saber que se está en la pista correcta, que la forma en que se arma el rompecabezas es la verdadera, que la deducción que se obtiene de mezclar tal y tal dato está bien encaminada? Aquí vale recordar un punto central: uno está en la pista de reconstruir "su" propia historia pasada, así que la propia intuición es el camino más exacto que pueda seguirse. Podemos ver esto desde la perspectiva opuesta: si tras haber estudiado detenidamente el mapa de las diferentes listas y haber establecido todas las asociaciones que creemos posibles, probamos realizar "otras" asociaciones nuevas, comprobaremos que nos resultan totalmente caprichosas, que no nos identificamos con ellas.

De todos modos, aunque las asociaciones de datos en principio dejen cierta duda acerca de su correcta interpretación, el sólo realizar este ejercicio habrá desatado una serie de procesos mentales que seguramente continuarán en el sueño (más adelante hablaremos de los sueños, una importantísima clave en este tema de las regresiones), donde el subconsciente comenzará a darnos seguridad acerca del trabajo que estamos encarando.

La información obtenida mediante este trabajo de las listas será de enorme importancia en estados posteriores del proceso de búsqueda. Y, de hecho, proporcionará una sensación de seguridad muy importante para quien se está adentrando en un terreno desconocido y sin duda conmocionante.

El trabajo práctico que acabamos de explicar es el primer paso para el intento de regresión. En el siguiente apartado, seguiremos por el camino del pasado.

Una tecnica de relajacion previa a la regresion

La regresión a una vida pasada es un proceso complejo, que requiere la combinación de varias técnicas. Como mucho tiene que ver el trabajo de introspección y visualización, para hacer cualquier intento es esencial antes relajar muy bien el cuerpo.

Como ya se ha dicho, en la práctica individual de la regresión puede ser útil en diversos aspectos contar con la ayuda de otra persona, que deberá ser alguien afectiva y humanamente cercano al practicante.

Para esta técnica de relajación previa, la asistencia de esta persona cercana resulta ideal. Si no hay nadie que nos ayude en esta fase, el practicante mismo deberá entonces registrar en un grabador lo que más abajo se señala, para utilizar su propia voz durante el ejercicio. Pero, repetimos, lo ideal es que las palabras que ayudarán en la relajación sean pronunciadas por la voz de esa persona que elegimos para que nos acompañe.

Lo primero que se debe hacer es colocarse en una postura cómoda. Si el practicante tiene un cuerpo acostumbrado a las disciplinas físicas y deportivas o incluso a la danza, será capaz de mantener una posición suelta estando sentado, lo que resultaría ideal. Pero la mayoría de las personas no tiene esa clase de entrenamiento y encuentra muy difícil mantenerse flojo y suelto por largos períodos de tiempo si está sentado, así que en ese caso lo aconsejable es acostarse, utilizando la posición explicada en el capítulo "Empezando a manejar el potencial kármico". Una vez ubicado el practicante, debe cerrar los ojos y concentrarse en la voz, que hablará con mucha lentitud, con todas las pausas necesarias, pero sin la menor duda en el tono en ningún momento:

> *Respiro. El aire soy yo. ¿Siento cómo el aire se percibe sereno? Así me percibo a mí mismo. Con cada respiración me aflojo más. Estoy entrando en el mejor de los mundos: estoy entrando en mí mismo.*
>
> *Ahora pongo atención en mi mano izquierda, siento cómo se relaja, la siento suelta y liviana. Ahora siento mi mano derecha, la siento suelta y liviana. Ahora mi atención está en mi pie izquierdo, que se relaja y se suelta, cada vez más liviano. Y ahora mi atención me dice que mi pie derecho está relajado, suelto, liviano. Es una maravillosa sensación que desde mis pies empieza a subir por mis piernas. Desde mis manos comienza a subir por mis brazos. Voy sintiendo cómo mi cuerpo va relajándose centímetro a centímetro. Mis hombros se sueltan; se sueltan mis caderas. Mi pecho se suelta de toda opresión; mi vientre se suelta de toda opresión. Y la maravillosa sensación*

se encuentra en mitad de mi torso, y desde allí vuelve a circular hacia cada rincón y extremidad de mi cuerpo.

Ahora todo mi cuerpo está relajado, suelto, cómodo, liviano. Ahora vuelvo a respirar profundamente una vez más, muy profundamente, y con esa exhalación me dejo ir. Me dejo ir...

En este punto la relajación debe ser muy completa. Al iniciar el camino de regresión a vidas pasadas se recomienda empezar practicando esta técnica de relajación algunas veces. Cuando se llega al punto de relajación indicado, es esencial detenerse unos minutos en ese estado de relajación profunda. Lo ideal es practicar esta técnica seis o siete veces antes de pasar a la siguiente fase del trabajo. Su frecuencia puede ser diaria, o cada dos días. No más, para que nuestra capacidad recién adquirida no "pierda estado".

Tras seis o siete prácticas, puede pasarse a la siguiente fase, que se explica en el apartado "La primera regresión individual".

COMO ENFRENTAR LAS VIDAS PASADAS

Antes de pasar al siguiente apartado, en el que emprenderemos directamente un viaje a las vidas pasadas, es decir una regresión, es imprescindible realizar algunas reflexiones.

Uno debe ser muy consciente de que al regresar a vidas pasadas está sometiéndose a una experiencia muy profunda y extrema. Las experiencias de regresión nos llevan a lo más profundo de nosotros mismos y ese mismo movimiento del viaje produce inevitablemente que se remuevan sensaciones y sentimientos muy intensos, como quizá nunca antes hemos experimentado. En muchos casos esos sentimientos pueden ser de alegría, por supuesto, pero también de inconmensurable pena o de terror. Estamos yendo "realmente" al fondo de nosotros mismos.

Por eso es necesario asegurarse de que habita en nosotros la profunda convicción de que estamos buscando esta experiencia de regresión como algo que será sin duda positivo para nuestra vida presente. Si no es éste el sentimiento claro y preciso con que se encara, mejor ni siquiera intentarlo.

Dicho de otro modo: la profundidad de sentimientos que estaremos enfrentando nos hará pasar más de un momento de zozobra durante la experiencia. Si llegamos a esa experiencia seguros de que después saldremos purificados, entonces esos intensos sentimientos serán sin duda liberadores. De otro modo, esa energía que debería liberarnos puede convertirse en un nuevo enemigo. Y uno no inicia esta clase de aventuras espirituales para tener más conflictos que antes. La regresión debe ser, fundamentalmente, una experiencia de liberación, y con ese espíritu y esa convicción se la debe encarar.

Por ello también es importante que todas las condiciones externas ayuden. El lugar en que se realizan las experiencias debe estar física y emocionalmente relacionado con el practicante. También es bueno compartir la experiencia con otra persona a la que nos unan sentimientos profundos, ya sea como guía y ayuda o simplemente para compartir la información que se obtiene de las diferentes experiencias que se realizan. Esta persona servirá de contención para la descarga sentimental que sin duda provocará el encuentro con realidades profundas de las vidas pasadas. Incluso la asistencia de una persona cercana es muy útil en la etapa previa al viaje de regresión, ya que el practicante podrá discutir con ella las motivaciones que lo impulsan a la búsqueda. Estos objetivos previos también deben ser muy claros. En general, las direcciones en las que conviene plantearse la búsqueda son básicamente las siguientes:

- ¿Qué cosas quisiera perdonarse a sí mismo?
- ¿Qué cosas quisiera perdonar a quienes lo rodean?
- ¿Qué problemas de salud lo aquejan?

- ¿Qué miedos y fobias invaden su vida actual?
- ¿En qué aspectos de su vida actual siente que hay bloqueos?
- ¿Qué habilidades, talentos o poderes quiere recuperar o descubrir en sí mismo?

Como puede verse, todas las preguntas giran en torno de temas que resultan ideales no sólo para la introspección, sino para ser conversados con esa persona cercana.

La idea central de las terapias de regresión a vidas pasadas no consiste en simplemente "conocer" en forma anecdótica sucesos pasados, sino utilizarlos para resolver problemas del karma. Por este motivo, es obvio que durante una regresión el practicante deberá tomar decisiones y resolver los conflictos que se le presenten. Por eso es imprescindible comenzar el viaje con la mente bien clara acerca de cuáles son las motivaciones que llevan a uno hacia su propio pasado. Más adelante, se comentarán diversas técnicas para resolver conflictos de vidas pasadas, pero aun antes de saber resolverlos hay que partir con la idea de que para eso se realiza la regresión.

La primera regresion individual: Contacto con una vida pasada

En este apartado intentaremos llegar hasta alguna de nuestras vidas pasadas. La primera parte de este trabajo se explicó en el apartado anterior, cuyos pasos deben seguirse exactamente como están descritos, sólo que al llegar al final la voz que nos guía se debe enganchar con el relato que sigue. Para facilitar la comprensión, repetiremos la última frase de la etapa anterior y "engancharemos" lo que continúa:

> *Ahora todo mi cuerpo está relajado, suelto, cómodo, liviano. Ahora vuelvo a respirar profundamente una vez más, muy profundamente, y con esa exhalación me dejo ir. Me dejo ir...*
>
> *Me dejo ir...*
>
> *Ahora puedo verme entrando en un bosque sereno y fresco. Entre las copas de los árboles entran fragmentos del día cálido, y el bosque me llena de perfumes silvestres y rumores serenos y sedantes: el suave viento entre las hojas, los insectos, los pájaros que*

revolotean. Todo el conjunto –bosque, día, perfume, sonidos– es una exquisita armonía que me da más y más paz a cada paso. Comienzo a oír a la distancia el rumor de un río que corre. Empieza a bajar la neblina y los sonidos van hacia un silencio también sereno y suelto. Camino siguiendo el rumor del río que se va haciendo más claro, mientras la neblina se hace más espesa y el silencio más profundo. Me estoy acercando al río...

Ahora todo es neblina. Apenas alcanzo a distinguir un par de pasos por delante. Estoy ya a la orilla del río, y allí veo el nacimiento de un puente que lo cruza, pero nada más. Sólo el comienzo del puente. La madera cálida y oscura del puente que me invita a caminar, a cruzar aunque no se ve más allá de tres pasos por delante. Comprendo y sigo en paz...

Es el río del tiempo. Es el puente que me lleva hacia mi pasado...

Subo al puente. Sé que cada paso que me adentro en el puente me acerca a alguna de mis vidas pasadas. Voy por sobre el río del tiempo en busca de mí mismo, de quién fui y, por lo tanto, de quién soy. La neblina es casi impenetrable, pero no me preocupa; por el contrario, siento que la neblina me arropa, me cuida, me protege. Siento una gran presencia de amor guiándome y protegiéndome. Y avanzo en el puente y retrocedo en el tiempo...

11... 10... 9...

Sé que estoy en mitad del puente...

8... 7... 6...

La neblina comienza a abrirse, empiezo a ver mejor alrededor...

5... 4...

El puente termina allí abajo, y en el final del puente me encontraré con una de mis vidas pasadas... Estoy llegando...

3... 2... 1...

Bajo del puente. Estoy de regreso en esta vida que fue mía alguna vez. He recorrido un largo camino para volver aquí. Ya no hay neblina, mi visión es perfecta de nuevo. Miro mis pies. ¿Son de hombre, de mujer, de niño...? ¿Son jóvenes, son de un anciano? ¿Qué suelo estoy pisando: madera, hierba, piedra, metal? ¿Qué clase de ropas tengo puestas? ¿En qué sitio estoy?

Puedo mirar todo ahora, ver el lugar, la gente si la hay, todo lo que me rodea y que me habla de esta vida pasada que es mía, y que por ahora es también vida presente porque estoy en ella. Comienzo a reconocer lo que mis ojos me están mostrando. Comienzo a reconocerme en esta vida que veo. Mientras voy explorando las cosas de esta vida que surgen a mis ojos, me pregunto: ¿Qué siento al verme como parte de esta vida? ¿Qué sentimientos, qué emociones voy reconociendo? ¿Cómo me siento? ¿Es un buen lugar para mí? ¿No lo es? ¿Siento alegría o discordia por estar de regreso aquí?

Tengo ahora la posibilidad de recorrer esta vida, de re-conocerla. Y lo único que tengo que hacer para ello es situarme en un momento crucial de esta vida que alguna vez viví. Voy a ese momento, porque se me revelará el sentido profundo de haber alguna vez vivido esta vida. Voy a ese momento... Voy a ese momento... Me dejo ir...

(En este punto, la voz debe hacer una pausa tan larga como su intuición se lo indique, para permitir que quien está en la regresión experimente ese momento crucial en el que está sumergido; si quien colabora es alguien afectivamente ligado al practicante y se ha tomado con profunda convicción la tarea que le toca desempeñar, no debe dudar de que sabrá exactamente cuándo continuar para completar la experiencia.)

Estuve de nuevo en el momento crucial de esta vida que alguna vez he vivido. Ese momento tiene para mí una respuesta. Pero antes de pensar en eso, voy a ir al momento en que esta vida comenzó a ser otra, al momento en que lo que acabo de revivir se fijó para siempre en mi memoria kármica, al momento de esta vida en el que abandoné este mundo... Al momento en que dejaré esta vida y pasaré al mundo espiritual... Al momento de esta vida en que yo morí...

Voy hacia esa muerte... ¿Cómo es esa muerte? ¿Qué siento en el momento exacto en que me desencarno? ¿Qué siento? Tengo la oportunidad de volver a experimentarlo. Y esa oportunidad es... ahora mismo...

(Aquí el acompañante hará la última pausa, de la misma forma que se explicó en el paréntesis anterior; tras la pausa terminará el relato.)

He pasado de nuevo por esta vida. He pasado de nuevo por el momento crucial de esta vida, y por el momento fundamental en que morí en ella. Esta vez no sufrí ni padecí en esos momentos, porque sé que mi momen-

to crucial era parte de la rueda de mi karma, y que el momento de mi muerte fue una liberación y el comienzo de un camino que me llevó a otras vidas, y gracias a eso tuve ahora esta posibilidad de volver aquí. Y volví aquí para preguntarme: ¿Qué aprendí de esta vida pasada? ¿Qué cargas de esta vida pasada tengo todavía en mi vida actual? Y me voy de aquí sabiendo esa respuesta, esa respuesta que se acaba de grabar en mi memoria kármica y que volveré a repetirme en mis sueños cuando regrese a mi vida actual.

Me voy más liviano, porque ahora sé que algunos miedos de mi vida actual eran deudas de esta vida pasada, y ahora tuve la oportunidad de volver para liberarme de ellos. Me lo repetiré en mis sueños cuando regrese a mi vida actual.

Ahora sólo me queda volver a dejar esta vida pasada. Debo permitir que se diluya en las infinitas aguas del tiempo. Ya no estoy atado a ella por ningún miedo ni ninguna traba. Puedo dejarla ir. Y regresar a mi vida actual más suelto, más liviano, más sereno...

Estoy regresando directamente a mi vida, porque el pasado me ha dejado libre y se diluye.

1... 2... 3...

Me siento sereno y relajado...

4... 5... 6...

Siento una inmensa frescura y bienestar... Veo agradables luces bajo mis párpados cerrados...

7... 8... 9... 10...

Estoy de regreso... En mi vida, en mi

única vida, mi vida presente que me prepara para liberarme de todas las cargas y esperar un futuro de armonía... Estoy llegando...

11...

Estoy aquí.

En este punto, el acompañante puede tomar contacto físico con el practicante, abrazarlo, tomarle la mano o lo que sea que sienta en ese momento. Es recomendable que por algunos minutos, permanezcan en silencio, internalizando la reciente vivencia sin analizarla racionalmente.

Pasado este primer momento, el practicante puede retomar su ritmo respiratorio normal, y mover su cuerpo para reactivar el ritmo interno que la relajación extrema había reducido.

La experiencia que acaba de realizarse ha sido muy profunda, y sin duda quedará grabada a fuego en la memoria kármica. Se podrá recurrir a esta experiencia de otras maneras, como a través del sueño (acerca de esto hablaremos más adelante). Pero fundamentalmente habremos aprendido algo muy importante: cuando uno puede ver de dónde provienen sus miedos y sus trabas y comprende que ya no son reales, sino sólo rémoras de vidas pasadas, se pierde el temor y uno puede entonces liberarse de ello. Como ya se dijo, esto tiene un impacto directo en la vida actual y prepara un buen camino en la rueda del karma para el futuro.

Otras imagenes para realizar la regresion

En el apartado anterior utilizamos a modo de imagen de visualización una que remite a una idea clásica y que está presente en forma atávica en la mente de cualquier persona: la imagen del tiempo como un río. Desde la célebre frase de Heráclito: "Nadie baja dos veces al mismo río", en toda la historia de la cultura humana ha estado presente la asociación del tiempo y el río. Por eso, se trata de una metáfora que al ser tan reconocible ayuda en las primeras etapas de la experimentación.

Pero hay infinidad de otras imágenes que uno puede usar como puente en su regreso a encarnaciones anteriores. De hecho, el ejercicio detallado en el apartado anterior puede realizarse cambiando la imagen del río y el puente por alguna de las siguientes:

- **La Sala de las Puertas**: Tras la relajación inicial, el practicante se ve a sí mismo entrando en una sala circular en la que hay muchas puertas. Cada una de estas puertas abre el camino hacia una de sus vidas pasadas. En cada una de estas puertas hay una pequeña ventanita que permite asomarse a esa vida. La intuición guiará al practicante hacia la puerta cuya vida anterior esté relacionada con el conflicto central que motivó esa experiencia de regresión.

• **La Máquina del Tiempo**: El practicante entra en su santuario interior, como se explicó en el apartado "Técnica elemental de la visualización". Una vez allí, visualiza que en medio de la incandescente luminosidad aparece una máquina del tiempo (la imagen de esta máquina y su forma concreta no puede explicarse, porque cada practicante "creará" la suya propia en el momento de visualizarla). El practicante sube a la máquina, que comienza a navegar por la luz del santuario hasta que por debajo comienza a distinguirse un paisaje determinado, que es la vida anterior a la que se está viajando.

• **La Barca**: Al llegar a la orilla del río –como se describió en el apartado correspondiente–, el practicante visualiza una barca que lo espera. El barquero permanece de espaldas, sin que se vea su rostro. Una vez que el practicante sube y la barca comienza a recorrer el río, el barquero se vuelve hacia él y en su rostro el practicante puede verse a sí mismo como era en la vida anterior a la que se dirige en esta regresión.

• **La Barca sin Barquero**: Algunos practicantes pueden experimentar esta variante de la misma visualización anterior, pero en este caso es él mismo quien conduce la barca por aguas que no reflejan su imagen. Cuando de pronto el practicante comience a ver su reflejo en las aguas del río, será la señal de que en esa orilla debe detenerse porque ha llegado a una vida anterior.

• **La Niebla**: Entrando en el santuario interior, el practicante espera a que una densa niebla vaya cubriendo todo a su alrededor hasta devorar toda la luminiscencia amarilla, punto en el cual inmediatamente la niebla comenzará a disiparse y el practicante se verá aparecer en medio de una encarnación anterior.

• **El Ascensor**: Exactamente como suena. Se visualiza una suerte de ascensor cósmico en el que cada botón representa una vida anterior. Cada vez que el ascensor se detiene y la puerta se abre, el practicante entra en una de sus existencias pasadas.

Los métodos para visualización descriptos aquí son algunos de los que se registran en la práctica terapéutica, pero de hecho hay muchos más en uso. También es válida cualquier variante o nueva formulación que la experiencia directa dicte a cada practicante. Es muy probable que tras haber adquirido cierta experiencia en regresiones, cada practicante "descubra" su propia imagen ideal para visualizar el viaje.

Como relacionar rasgos presentes con vidas pasadas

Como hemos visto en otros apartados, cuando uno se decide a encarar el trabajo sobre sus anteriores encarnaciones se convierte en una especie de "detective del propio pasado". El proceso de armar listas de características individuales explicado en el apartado "Cómo enfrentar las vidas pasadas" es una tarea casi de instrucción policial. Es que el mundo inabarcable que se abre cuando empezamos a navegar hacia atrás el río del tiempo hace que toda "pista" que llevemos con nosotros sea de lo más útil.

Por ello, en este apartado hablaremos de algunas relaciones básicas entre las características, los rasgos y las peculiaridades actuales de una persona y el vínculo que pueden tener con sus vidas pasadas.

En principio hay que aclarar que en nuestra vida presente reflejamos sucesos de vidas anteriores, pero eso no significa que un hecho de una vida anterior nos acompañe "toda" esta vida. A veces este reflejo de vidas pasadas se da por etapas en la vida actual. Por ejemplo, uno puede haber sido un niño obsesionado por los juegos de guerra y eso quizás hable de una vida anterior de soldado muerto en batalla. Sin embargo, en la adolescencia quizás uno sintió fuertes inclinaciones artísticas y entonces eso puede remitir a otra vida pasada en la que uno fue un pintor renacentista.

Pero en general, podemos observar "pistas" de nuestro pasado en ciertas características básicas de nuestra personalidad. La forma en que nos vestimos, por ejemplo, puede darnos muchas pistas acerca de anteriores encarnaciones. Las personas que prefieren las ropas ligeras y sueltas y los cortes de seda muy probablemente tengan algún antecedente en la Antigüedad Clásica, quizás entre la civilización griega. Hay otros que, aunque no la usarían por cuestiones culturales, se sienten atraídos por diferentes clases de ropas comunitarias: por ejemplo, la de los gitanos, o las ropas étnicas africanas o hindúes; en esta atracción hay una pista, sin lugar a dudas. Habrá que pensar claramente en una vida anterior como miembro de alguna de esas comunidades.

También las preferencias acerca de los colores de la ropa son altamente significativas y reveladoras. Por ejemplo: si una mujer tiene tendencia al uso de colores amarillos, hay muchas probabilidades de que en otro tiempo haya sido monje hindú en la India, cuyas túnicas durante milenios fueron color amarillo azafrán.

Muchas veces vemos algún edificio y decimos que es bonito, que nos atrae. Pero pocas veces sabemos a qué estilo arquitectónico pertenece. Pues bien: eso es lo primero que deberíamos preguntar cuando una construcción nos gusta. Quizá tengamos una particular debilidad por las cabañas alpinas, porque realmente en otra vida habitamos las altas montañas. O quizás uno sienta que, por ejemplo, las iglesias de estilo barroco le causan particular rechazo; allí habrá que bucear, ya que es probable que en otra vida uno haya padecido sufrimientos de alguna forma relacionados con esas iglesias.

Lo mismo sucede en cuanto a los países en general. Todos tenemos preferencias por países y ciudades del mundo, a los que regresaríamos tantas veces como nos fuera posible; y eso es porque "ya hemos estado ahí" en el pasado. O quizás uno sienta hasta repulsión por un país en el que nunca estuvo y que no tiene una razón aparente para odiar: en ese caso, la razón habrá que buscarla también en una encarnación anterior.

Los paisajes que preferimos son, quizás, una de las características más reveladoras que podemos encontrar en nosotros mismos. Se sabe que ante cualquier paisaje bello todos nos sentimos reconfortados. Pero, más allá de la belleza estética, hay sitios que inexplicablemente nos emocionan. Sería de mucha utilidad detenerse a pensar seriamente en cuáles son esos sitios y paisajes que nos tocan profundamente y no sólo porque sean bellos.

Esto mismo sucede con el clima. No hay razones biológicas para que algunas personas prefieran el calor, otras, el frío, otras, las estaciones templadas, otras, las de lluvias. La razón hay que buscarla en qué clase de vida pasada tuvo cada persona para que se sienta mejor en un clima y peor en otro.

En relación con esto último, es habitual que se den casos de personas que habiendo nacido en, por ejemplo, un clima templado europeo se sientan muy atraídas por las comidas tropicales; es decir, que más allá de la pre-programación alimentaria que implica nacer en determinado clima, uno sienta preferencia por comidas totalmente opuestas a éste. Y en general, los estilos de comida nos dan grandes pistas: ¿prefiere la comida francesa?, ¿la japonesa?, ¿la densa comida italiana?, ¿la liviana dieta vegetariana hindú? En cada uno de estos estilos hay una clave que nos habla de nuestro pasado.

Asimismo, cualquiera de nosotros tiene alguna preferencia por períodos de la historia universal. Cuando íbamos a la escuela, quizá nos fascinaba la historia de Napoleón o la de Cleopatra. O quizá nacimos después de la década del 50, pero sin embargo tenemos una notoria debilidad por la historia de las Guerras Mundiales. Todos estos datos tienen algún antecedente. Todos son datos de nuestra realidad pasada.

Claro que todo lo dicho hasta aquí puede también responder a otros principios, que no estén relacionados con nuestras vidas pasadas, sino a simples pautas culturales que traemos desde la infancia. Pero, como se dijo en el apartado "Preparándonos para viajar hacia atrás", lo importante no es la acumulación de datos, sino la "interrelación" entre ellos.

La forma de darse cuenta de si una característica de la personalidad está relacionada con una vida del pasado es ver esa característica en relación con otras, como se vio en el ejercicio de las listas explicado también en "Preparándonos para viajar hacia atrás". La intuición (que no es otra cosa que una cara más de la memoria kármica, es decir, otra expresión no racional del bagaje que traemos de nuestras existencias pasadas) será quien nos indique cuándo hay una relación entre dos o más rasgos de nuestra personalidad, qué clase de relación es ésa y qué pista nos está dando sobre el pasado.

Pistas mucho más concretas y certeras podrán encontrarse cuando uno analiza sus miedos y fobias presentes. Estos son signos muy claros, porque si pertenecen a esta vida actual (es decir, si son "karma instantáneo" adquirido, por ejemplo, en la infancia) su tratamiento no resultan dificultoso mediante el análisis y la terapia clásicos (aunque sí pueda ser compleja su resolución). Pero cuando los psicólogos, psiquiatras o psicoanalistas de formación tradicional no dan en la tecla, uno puede estar seguro de que está ante la presencia de un miedo o fobia proveniente de una vida anterior.

Estas trabas que arrastramos y que no tienen relación alguna con nuestra vida actual nos dan la oportunidad, al examinarlas, de convertirlas en valiosas herramientas para develar qué clase de experiencias hemos tenido en el pasado kármico. Las experiencias de miedo y temor de vidas pasadas se recrean permanentemente en la vida actual. Retroceder hasta el verdadero –y lejano– origen de las estas experiencias es la única manera de poder superarlas.

Regresiones intuitivas: Una tecnica para todos los dias

La experiencia de una regresión profunda, como por ejemplo la descrita en "La primera regresión individual", es una práctica de la que no se debe abusar. De hecho, uno de los grandes peligros de adentrarse en estos trabajos sin ayuda de un terapeuta o sin la asistencia de una persona afectivamente ligada al practicante consiste en el desbordamiento. Esto puede hacer que el practicante, al ver que va obteniendo éxitos en sus regresiones, caiga en una suerte de fascinación por su pasado y se exceda en la realización de experiencias tan agotadoras y movilizadoras como las regresiones.

Para ejemplificar la inconveniencia podemos recurrir a una metáfora, casi un cuento. Imaginemos que existiera en algún lugar del mundo un punto mágico ("aleph", según lo denominó alguna vez Jorge Luis Borges) que contiene en sí todos los hechos de toda la historia de la humanidad, pasados, presentes y futuros, pequeños y grandes, y que si uno se asoma a ese punto mágico los verá todos a la vez, en un mismo segundo pero sin superponerse unos con otros. La primera vez sería una experiencia seguramente incomprensible, la segunda vez, sin dudas fascinante. Y no resultaría extraño que llegara el momento en que uno quedara atrapado por esa fascinación y ya nunca pudiera retirar su mirada y dejar de espiar por ese punto mágico.

Las regresiones no existen para que simplemente uno "juegue" a conocer todo lo pasado. Son una herramienta de liberación y perfeccionamiento. Y sólo en ese sentido deben ser usadas. Además, como en cada regresión se pone en juego una gran cantidad de energía que está en estado de movilización y reacomodamiento, el practicante necesita sí o sí de un tiempo de recuperación entre una experiencia y otra.

Por lo importante que es la práctica y el entrenamiento constante en estas técnicas y por la utilidad de trabajar mucho en el nivel consciente anterior a la regresión para estar muy seguros del terreno que pisaremos, hay un ejercicio que puede trabajarse diariamente y que enfoca estos dos aspectos. Es un trabajo que se denomina "regresiones intuitivas".

Se basa en un principio similar al trabajo que anteriormente se explicó acerca de las "listas" que confeccionamos para obtener pistas acerca de vidas anteriores. Sólo que en aquel caso había un elemento consciente en la confección de las listas y uno inconsciente e intuitivo en la interpretación de los datos entrecruzados. En este trabajo, sólo se utiliza el costado intuitivo, ayudado un poco con la visualización.

En la práctica hay varias formas de realizar este trabajo. Hablaremos de las dos más difundidas y probadas. La primera es individual. La segunda, en pareja.

La practica individual

Para comenzar, esta práctica debe realizarse en una habitación cerrada y en silencio, lo cual probablemente nos lleve a hacer esto de noche. Se necesitan algunos elementos básicos: un espejo de mano de aproximadamente unos 25 centímetros de alto por 20 de ancho (es decir, aproximadamente las medidas del rostro humano medio), y dos velas azules.

El practicante debe sentarse en una silla rígida, que no permita que el cuerpo pierda una posición muy recta. El espejo debe ser colocado exactamente frente al rostro, a una distancia no mayor de 30 centímetros de la vista ni menor de 15 (lo ideal son 20 centímetros). A cada lado del espejo, casi entrando un poco en la superficie espejada, se colocará cada una de las velas azules y se las encenderá. El color de las velas responde a una potencialidad evocativa propia del azul, que energéticamente favorece este ejercicio. La luz de estas dos velas será a partir de ahora la única iluminación de la habitación.

Tras respirar profundamente dos o tres veces, el practicante exhalará con gran fuerza el aire y se quedará muy quieto, con la vista fija en su rostro reflejado en el espejo. Debe mirarse a sí mismo, sintiendo que esa mirada que el espejo le devuelve lo penetra muy profundamente, hasta viajar hacia lo más escondido de su pasado. Deberá permanecer unos momentos concentrado y luego cerrar rápidamente los ojos.

Es posible que apenas el practicante cierre los ojos entonces se forme alguna imagen espontánea. En principio suele ser sólo un reflejo de la propia imagen que estaba mirando en el espejo, quizá con alguna variante que podría atribuirse a la vaguedad. Tras unos segundos, habrá que volver a fijar la vista en el espejo, concentrarse, y volver a cerrar rápido los ojos. Si la conexión con la imagen del espejo es realmente profunda, al cerrar los ojos empezarán a aparecer imágenes de otros rostros que el practicante reconocerá como propios, aunque tras unos momentos comprenderá que no son quizá tan parecidos a él, o incluso que son del sexo opuesto.

Al repetir una y otra vez la mirada concentrada en el espejo y el cierre abrupto de los ojos, estos rostros comenzarán a adquirir mayor sentido, porque no son otra cosa que rostros de uno mismo en anteriores encarnaciones. El simple acto mecánico de mirarse en el espejo sumado a la concentración, la capacidad de visualización adquirida con la práctica y la confianza en la propia intuición han logrado que nuestra memoria kármica nos trajera esos rostros que alguna vez, en el inmenso laberinto del tiempo, fueron también nuestros rostros. Nos estamos conectando con nosotros mismos mirándonos al espejo en otras épocas, en otras vidas. Estamos conociendo los rostros que fuimos. Ese niño, esa mujer, ese anciano, ese extraño joven manchú, esa reina inalcanzable, ese soldado vienés que van apareciendo uno tras otro son pantallazos que nuestra memoria kármica nos envía.

Al igual que en todos los ejercicios, la práctica perfeccionará este trabajo. Es probable que la primera vez que se lo realice el resultado no sea tan sorprendente, quizás apenas pueda visualizarse algún rostro parecido al que tenemos en esta vida actual. Pero con el entrenamiento, el practicante logrará asombrosos contactos con quien fuera él mismo en otras encarnaciones. En la terapia clínica se registraron casos de personas que llegaron a ver una enorme cantidad de sus rostros anteriores mirándose directamente en el espejo; es decir, que llegaron a suprimir el rápido cierre de ojos.

Cuando el practicante vea que está logrando conectarse con uno de sus rostros pasados, no debe apurarse a volver a abrir los ojos ni tampoco regodearse largamente en la contemplación. Simplemente, debe entregarse a la contemplación de ese rostro con la misma concentración con la que mira su rostro actual en el espejo. La intuición le dirá cuándo volver a abrir los ojos, lo cual no siempre significa despedirse de ese rostro pasado que estaba contemplando. Según los casos, hay veces en que al volver a cerrar los ojos el practicante se encuentra con el mismo rostro que acaba de visualizar. Un mismo rostro pasado puede estar presente como única visualización durante todo un ejercicio. Asimismo, puede suceder que en cada ocasión al cerrar los ojos el practicante vea un rostro diferente.

También en la observación de ese rostro del pasado quizá suceda algo que, la primera vez, podría resultar inquietante. Por eso hay que estar preparado. Se trata de lo siguiente: contemplando el rostro del pasado, de repente el practicante puede darse cuenta de que él también es observado por ese rostro. Esto no debe ser motivo de alarma. Simplemente ese rostro del pasado "realmente" lo está viendo a uno en ese momento. Puede ser que eso suceda en un sueño de ese "yo" del pasado, o en otra clase de experiencia que para aquel ser del pasado será también una situación perturbadora, y que uno mismo en una regresión a esa vida sin duda podrá recordar y reparar en caso de que haya sido de alguna manera perjudicial.

Estas visualizaciones que nos muestran los diversos rostros de existencias pasadas no nos dicen mucho más que eso. No obtenemos de ellas datos concretos, ni siquiera acerca de en qué época exactamente vivieron esas anteriores encarnaciones nuestras. Sin embargo, el hecho de "vernos" con los diversos rostros que tuvimos nos ayuda a integrar a nuestra memoria kármica datos de enorme relevancia. Si bien no vamos a utilizarlos a nivel consciente, al menos en principio, contribuyen a formar en la memoria un esquema reconocible que nos otorga mayor seguridad para los pasos que posteriormente daremos en las diferentes regresiones que encaremos. Toda información que se aloje a nivel consciente o subconsciente en nuestra memoria kármica formará parte del bagaje con que nos manejaremos cuando efectivamente estemos en un momento concreto de nuestro pasado, reviviendo alguna de nuestras existencias. Los datos que esta experiencia aloja en nuestra memoria kármica nos serán útiles, sin que tengamos que pensar en ellos, en el momento más oportuno.

La practica en pareja

Ya hemos hablado en varias secciones acerca de la asistencia de una persona cercana a los afectos del practicante, pero no es éste el caso. En esta variante de la regresión intuitiva no se trata de un practicante y un asistente espiritual, sino de dos practicantes. Es decir, ambos participantes deben estar comprometidos con el trabajo de regresiones y la terapia de vidas pasadas, y deben tener un grado similar de evolución en estas prácticas. Y además, para que realmente esta variante tenga provecho para ambos, lo ideal es que se trate de dos personas unidas afectiva o espiritualmente, e incluso es mejor aun cuando se trata de una relación de pareja. Esto es así porque con las personas con las que nos unen lazos sentimentales es bastante probable que hayamos tenido contactos anteriores, en otras encarnaciones, aunque seguramente con un tipo diferente de relación en cada una de ellas (ver el apartado dedicado a las relaciones a través de diferentes vidas). Por ello, no tendría mayor sentido intentar la experiencia con alguien desconocido, simplemente porque se trata de otra persona iniciada en el tema; para eso, es preferible quedarse sólo con la técnica individual.

En cuanto a la técnica propiamente dicha, no difiere demasiado de la individual. El ambiente y la forma deben ser los explicados anteriormente. El espejo, por supuesto, ya no es necesario, pero sí las dos velas azules. Ambos practicantes se sentarán uno frente a otro, con las velas entre medio de sus rostros, una a cada lado (puestas sobre mesas o, idealmente, sobre soportes que las mantengan a la altura de los hombros de los practicantes). En este caso también se recomienda la silla rígida para facilitar la posición recta del cuerpo. Sentados frente a frente, ambos practicantes colocarán las palmas de sus manos sobre las rodillas con los dedos mirando hacia adentro, e inclinarán el torso levemente hacia adelante, manteniendo muy recta la columna vertebral. En esta posición, con los rostros separados por unos 20 centímetros, ambos fijarán la vista en los ojos del otro, que serán como el espejo en esta variante del ejercicio. A partir de aquí, el ejercicio se desarrolla de la misma forma que en la variante individual.

Se obtendrán similares resultados con la

posible alternativa de que en el momento de volver a abrir los ojos tras una de las visualizaciones de rostros pasados, un practicante quizá no vea el rostro habitual del que tiene enfrente, sino uno con algunos rasgos diferentes porque en realidad está visualizando una faz pasada del mismo. Es decir: existe la posibilidad de que, al practicarse entre dos personas, la experiencia se potencie. Nótese que al decir que quizás uno vea en el otro un aspecto diferente "con los ojos abiertos" en cierta forma lo que se dice es que uno está entrando en una categoría mediúmnico-terapéutica. Podemos ver en el otro algo que él no está viendo, y lo mismo puede sucederle al otro con nosotros. La experiencia, de esta forma, se enriquece notablemente.

Teniendo en cuenta esta posibilidad, hay aún una subalternativa de esta variante. Consiste en que sólo uno de los practicantes efectúe la experiencia, mientras el otro cumple literalmente la función de espejo; es decir, simplemente permanece relajado, con los ojos abiertos y la vista fija en un punto imaginario, respirando serena y rítmicamente mientras el otro visualiza. En esta alternativa, al haber un solo practicante en función activa, es muy probable que se intensifique la visualización con ojos abiertos en el rostro del participante pasivo, que se convertirá en espejo no sólo para su compañero de experiencia sino, a través de esa mirada del otro, de sí mismo, según lo que el otro vaya viendo en su rostro.

Tanto la variante de pareja como esta subalternativa constituyen experiencias muy reveladoras. El hecho de no exigir un compromiso agotador de energía kármica permite que se practiquen con asiduidad.

Relaciones en diversas encarnaciones: "Seguro que te he visto antes..."

Ya en otros apartados se mencionó la idea de que cada uno de nosotros no anda solo de vida en vida, sino que muy probablemente quienes hoy están cerca de nosotros lo han estado en otras encarnaciones.

La filosofía de la reencarnación tiene entre sus tópicos principales el trabajo acerca de las relaciones humanas: su comprensión, su mejoramiento, su equilibrio y armonía. La mayoría de los problemas de relación en esta vida tienen sus raíces en relaciones que tuvimos con esas mismas almas en otras vidas. La posibilidad de ir hacia ese pasado nos permite trabajar sobre estas fallas de relación, arreglándolas en su origen, saldando posibles deudas kármicas, equilibrando las relaciones y liberándonos de cargas pesadas y emociones negativas que dificultan nuestras relaciones en la vida actual.

Se dice que uno llega solo al mundo y que solo se va de él. Esto es cierto en un sentido metafísico: el nacimiento y la muerte son instantes supremos a los que nos enfrentamos en completa soledad. Pero más allá de la metafísica, el asunto no es tan exactamente así. En realidad, cuando llegamos a este mundo hay una cantidad diversa de almas que nos están esperando y nos acompañarán a lo largo de esta existencia y en muchos casos en las subsiguientes. De hecho, tenemos muchísimos más contactos profundos con otras almas de lo que solemos percibir. Al menos, esos contactos son mucho más profundos de lo que alcanzamos a distinguir.

De hecho, formamos parte de una enorme, intrincada pero absolutamente armónica red en la que estamos interconectados con muchas almas (amigos, enemigos, parientes, amantes, conocidos circunstanciales, etcétera). Vamos y venimos por esa red como por la autopista informática, sólo que si desconocemos el tema obtenemos muy poca información de esos paseos por la red. Nada es casual en la trama de esa red, y deberíamos ser todo el tiempo conscientes de que por mínimo que parezca un encuentro con otra persona, "todo encuentro es un reencuentro". Debemos estar muy atentos para no perdernos la posibilidad de aprender algo de cada relación y usar esa información para intentar reparar el karma negativo que en cada relación pueda haber.

Por supuesto, a las relaciones que más atención debemos prestarles en el curso de nuestros viajes hacia vidas pasadas es a las más cercanas, ya sean supuestamente "positivas" (amor, amistad) o "negativas" (adversarios, enemigos). Decimos "supuestamente" porque lo que en la vida actual podemos calificar como, por ejemplo, "negativo", puede ser en realidad una maravillosa oportunidad de reparar algún karma que arrastramos de otra vida.

Muchas veces se habla de "almas gemelas". Con ese término se suele designar a dos personas que tienen una relación de pareja. Pero en términos del karma, la acepción es mucho más amplia, y en muchos casos dos "almas gemelas" no tienen ninguna relación sentimental. Incluso hay casos de "almas gemelas" cuya relación en esta vida pasa por lo que supuestamente sería enfrentamiento, e incluso el odio. Lo que sí es inapelable es que entre "almas gemelas" hay un flujo de energía constante e intenso, que bien utilizado ayuda en el mejoramiento del karma. Estas almas suelen reencarnarse juntas en más de una ocasión, y se atraen mutuamente así estén a millones de kilómetros de distancia.

Vale aclarar que por ser gemelas dos almas no necesariamente estarán unidas por toda una vida. Muchas veces se relacionan durante cortos períodos, lo cual refuerza la idea de que hay que saber aprovechar esos encuentros porque quizá no exista otra oportunidad hasta una próxima encarnación.

Cuando se produce uno de estos encuentros entre almas gemelas es común que se verifique un reconocimiento instantáneo, ya sea una fuerte atracción o repulsión. Generalmente, al verse por primera vez la sensación es que ya se conocían. Si con esa persona ha habido en una vida anterior una relación sexual, muy probablemente habrá atracción física en la vida presente. Aunque estas almas no tengan una relación en la cual el contacto sea diario o muy habitual, de todos modos sentirán una conexión íntima más allá de toda distancia, puesto que entre ellas hay una forma de comunicación que excede lo físico. De hecho, va más allá de la "lógica"; a veces se trata incluso de una dependencia muy profunda entre ambas, de sesgo positivo o negativo, que llega a tener características telepáticas (¿quién no dijo alguna vez: "A tal persona la conozco como si la hubiera parido"?). Uno comprueba con asombro que es capaz de prever muchas de las reacciones de esa otra persona, y que a ella le pasa lo mismo con nosotros.

La gran carga energética de una relación de esta clase hace que, aunque sea breve, el flujo de energía mueva de tal forma la memoria kármica que el crecimiento y perfeccionamiento se incrementen por esta intensidad energética.

También es cierto que la mayor complementación kármica entre esta clase de almas se da entre sexos opuestos, justamente porque la polaridad (masculino-femenino, yin-yang) a la vez tiende a equilibrarse y potenciarse. Pero esto no significa que siempre en vidas anteriores haya sido así, puesto que probablemente cada alma haya ido cambiando de sexo en una u otra encarnación; también, como ya sabemos, seguramente habrán cambiado la índole de esa relación de vida en vida (esposa y esposo en una, padre e hija en otra, etcétera, etcétera).

Es posible que se llegue a un punto de conflicto entre dos almas gemelas. Es cuando, encarnadas en sendos cuerpos físicos, una de ellas ha logrado evolucionar más que la otra. Esto hará muy complicada la relación, puesto que el percibir áreas menos desarrolladas en uno traerá irritación al otro; a su vez, el que ha desarrollado menos su energía kármica sentirá que se trata de un desafío exagerado el que se le plantea. Esta situación conflictiva se debe a que, como se dijo, las almas gemelas no necesariamente dan juntas cada paso en el camino de la rueda del karma. Esto puede verse muy claramente en las relaciones de amantes.

De hecho, la mayoría de los amantes no tienen una relación fácil. Esto se debe a que nuestra alma gemela refleja como un espejo nuestras propias áreas insatisfactorias, y lo mismo le pasa a ella con respecto de nosotros. De ahí que aunque encontremos en nuestro amante un alma gemela la relación tenga una duración limitada. Lo que no impide que esa relación sea de unión verdadera e impenetrable en alma y corazón. El poeta brasileño Vinicius de Moraes escribió muy acertada y bellamente sobre este punto. Hablando acerca del amor, dijo "que no sea inmortal, puesto que es llama; pero que sea infinito mientras dure".

La prueba de que un camino de mejoramiento y evolución es absolutamente real desde los inicios de la humanidad al día de hoy –que estamos entrando en la Era de Acuario, que es la época en que todo será claro y no habrá ocultamientos– radica en que si se observa la evolución de las sociedades humanas es posible verificar que hasta hace unas décadas atrás la cuestión del amor y el casamiento tenía mucho que ver con lo social y las clases. Hoy en día, es cada vez más común ver uniones que desafían todos los códigos culturales, sociales e incluso genéticos. Infinidad de parejas de hoy eran impensables hace sólo unas décadas atrás. Las llamadas relaciones no tradicionales, que se imponen por encima de diferencias de edad, raza, sexo, religión y posición social, serán el rasgo distintivo de las sociedades futuras. Hoy no asombra a nadie la unión sentimental de una rubia finlandesa con un mulato cubano, ni de un hombre sexagenario con una muchacha de dieciocho años, ni mucho menos la unión entre personas del mismo sexo. Esto último merece una aclaración: en una pareja "siempre hay dos polos". Lo que sucede es que toda la vida se atribuyó la polaridad "exclusivamente" a la diferencia de sexos. Y esto no es así. En una pareja homosexual, ya sea masculina o femenina (recordemos que "homosexual" vale para ambos casos, porque "homo" no viene de "hombre" sino de "igual"), siempre hay un integrante con una polaridad dominante.

Otro punto muy interesante en cuanto a las relaciones humanas que se reiteran de vida en vida es el que hace referencia a lo que la especialista Genevieve Lewis Paulson denominó "mellizos álmicos". Como en los gemelos y mellizos uterinos, aquí también existe una pequeña diferencia entre "almas gemelas" y "mellizos álmicos".

En este caso, se trata de almas que son muy similares, que generalmente encarnan en cuerpos del mismo sexo y que muestran detalles notables de semejanza. Por ejemplo, es habitual que sus cartas natales astrológicas muestren una alineación tan grande que es posible que ambos realicen acciones similares en las mismas épocas de sus vidas. Puede suceder que durante muchos años no tomen contacto ni conciencia de la existencia del otro. En algún momento, sin duda, se cruzarán. Son comunes los casos de dos personas que se cruzan en determinado momento y se sorprenden al ver que, por ejemplo, han nacido más o menos en la misma fecha, se han casado en la misma época, algunos de los nombres de sus hijos coinciden así como las fechas de nacimiento, quizás el nombre o algún otro dato de sus cónyuges, etcétera. Estos son dos "mellizos álmicos".

Lo interesante de estos casos es que, aunque los mellizos tengan ya cincuenta años de edad y aún no se hayan cruzado en esta vida, si uno de ellos se desarrolla y evoluciona y crece, la evolución y el crecimiento del otro se verán automáticamente enriquecidos.

En la mayoría de los casos los "mellizos álmicos" provienen de una fuerte conexión en alguna vida anterior, en la que han pasado juntos por experiencias trascendentales, quizá difíciles, seguramente profundas. Así, se ha generado en la memoria kármica de ambos un fuerte sentimiento de confianza y comprensión hacia el otro, que aflora enseguida cuando se conocen en una siguiente vida. Como ya se dijo, la organización de sus vidas mostrará paralelismos sorprendentes.

Otro ítem de las relaciones de la rueda del karma lo constituye lo que se denomina "familias álmicas". Puede estar constituida por cientos o miles de almas, que se van relacionando a lo largo de las generaciones y ocupan diversos roles dentro del esquema familiar, con lazos de sangre o no (es decir, reencarnarán en descendientes directos o en personas que se casarán con miembros de la familia y a partir de allí retomarán la sangre). A veces tienen roles pasivos y otras son el centro del movimiento de toda una generación familiar. Así, cada miembro de una familia álmica pasará por diversas existencias, como padre, madre, hijo, hermano, esposo y toda forma de relación que haga a la familia tanto en lo consanguíneo como en lo social. Este recorrido constituye, al cabo de diversas reencarnaciones, todo un aprendizaje en cuanto a las relaciones humanas, además de la posibilidad de constantemente estar reparando lo que en una existencia anterior quizá no salió del todo bien. Se van transitando los diferentes roles posibles –con sus diferentes niveles de compromiso, decisión, sumisión, mando, etcétera–, se va desarrollando un nivel cada vez mayor de conexión entre los miembros de esa familia álmica y, por lo tanto, experimentando y compartiendo el amor en todas sus diversas formas. Se supone que todos en algún momento tuvimos o tendremos la oportunidad de formar parte de una de estas familias álmicas.

Estas familias álmicas, a la vez, se agrupan en "tribus álmicas", es decir, conjuntos de familias álmicas: interactúan dentro de sí mismas al mismo tiempo que interactúan entre sí. Es decir que una familia álmica se mueve en dos planos de acción: el de las relaciones entre los miembros de la familia, y el de las relaciones de la familia con otras familias unidas a ella en una tribu álmica.

Como puede verse, en la rueda de la reencarnación hay algo fundamental: la "interdependencia". Si bien dependemos especialmente de nuestro propio karma, es decir, de las acciones directas que produzcamos en una vida y en otra, hay un amplio espectro de relaciones que pueden en algún caso dificultar nuestro crecimiento. Sin embargo, si lo conocemos y sabemos cómo manejarlo, sin duda se acelerará nuestro proceso evolutivo en busca de la perfección del alma y de la liberación de la rueda del karma.

Conocerse y reconocerse: Como tener una nueva oportunidad

Los conflictos de relación con otras personas se llevan el mayor porcentaje de nuestros desvelos en esta vida. Aunque parezca que todo pasa por los problemas monetarios y laborales, en el fondo lo que realmente golpea y termina derrotando a las personas son los fracasos afectivos. De hecho, ningún triunfo económico o laboral se disfruta si, por ejemplo, uno tiene una pésima relación con su hijo.

Pero mediante la conciencia de nuestras vidas pasadas y la ejercitación que nos permite volver a ellas para reparar el karma negativo, tenemos una nueva oportunidad para equilibrar y armonizar esas relaciones humanas que son el centro y motor de nuestras vidas.

Pasaremos ahora a desarrollar un nuevo ejercicio, esta vez tendiente a la reparación relacional.

Para explicar el ejercicio deberemos tomar un modelo de relación. El lector a esta altura ya estará lo suficientemente informado acerca de estas terapias como para saber luego trasladar este ejercicio a la clase de relación que quiera reparar.

Vamos a suponer el caso de una mala relación madre-hija. Es muy común que estas relaciones sean malas desde muy temprano (nada sale de la nada ni de un día para otro), pero en la mayoría de los casos la relación hace crisis en la etapa en que la hija es adolescente. Como se sabe, la adolescencia es un período sumamente crítico, pero lo que siempre se olvida, y por eso se suele echar todo el fardo sobre el adolescente, es que esa etapa coincide con otra etapa quizás aún más crítica para el adulto. La madre de una hija adolescente en general es una mujer que está entre los treinta y cinco y los cuarenta años. Esa edad quizá sea más difícil de transitar que la adolescencia, por cuanto implica también una crisis de identidad ("ya no soy joven, pero tampoco soy vieja", etcétera). A esto se suma que esa madre ve en su hija el espejo de lo que ella fue alguna vez, y quizá no esté del todo conforme con lo que hizo con su vida desde entonces.

Este punto es central para iniciar cualquier reparación: entender que una relación jamás, pero jamás, puede ser dañada por uno solo de los participantes. Siempre, sin excepción, una crisis de relación muestra dos crisis personales que se enfrentan.

Volviendo al modelo que utilizamos como ejemplo: una mala relación madre-hija, en el momento en que la hija es adolescente. No es imprescindible en este caso que ambos integrantes de la relación se aboquen a trabajar sobre la reparación, porque como casi en un ciento por ciento puede asegurarse que ambos son integrantes de una familia álmica (sin contar con que pueden ser hasta "almas gemelas"), lo que haga uno redundará en beneficio del otro. En el ejemplo propuesto, lo lógico sería que el trabajo lo realizara la madre.

En una forma similar a los ejercicios de regresiones intuitivas ya explicados, la mujer deberá estar en un cuarto silencioso y disponer de una foto del rostro de su hija, de ser posible, tamaño natural; ésta hará las veces de espejo o de los ojos del compañero en los ejercicios anteriormente explicados. Esta foto puede colocarse sobre algún mueble o simplemente pegada a la pared. La persona se sentará ante la foto, y encenderá una vela del color cuya preferencia comparta con la otra persona integrante de esa relación que se quiere reparar. Los colores tienen en sí mismos una potencialidad diferente cada uno. Sin embargo, en este caso, al compartir dos personas el gusto por un color elegido, cuando una de esas personas esté en contacto con ese color la energía de identificación será lo que movilice las energías necesarias, más allá de lo que ese color signifique en sí mismo.

Entonces la persona deberá concentrarse durante unos momentos en mirar profundamente el rostro de la fotografía. Cuando su intuición o sus sentimientos le indiquen que ha sido suficiente, la persona cerrará los ojos y comenzará un ciclo de respiración rítmica, tratando de mantener fija en su mente la última imagen que vio antes de cerrar los ojos.

Después de unos momentos, dejará libre su respiración, la cual retomará su ritmo propio. Al mismo tiempo, la persona irá planteándose la ascensión hacia su santuario interior (ver el apartado correspondiente). Una vez alcanzado, visualizará una cortina de seda que se agita suavemente, como mecida por un viento o por la misma luz del santuario. Al ver la cortina, la persona comenzará a repetir para sí misma: *Quiero correr ese velo, quiero llegar al principio* (esta frase no es más que lo que los hindúes llaman "mantra", es decir, una frase o invocación cuya finalidad es concentrar nuestra atención consciente para que la mente no nos distraiga mientras estamos desarrollando algún ejercicio profundo de meditación). Repitiendo la frase, ingresará tras la cortina, con lo cual se encontrará en "el salón de las fotografías del alma". La visualización consiste en un cuarto o estancia circular, en cuyas paredes cuelgan infinidad de retratos. Esta imagen requerirá realmente muy poco esfuerzo de visualización, puesto que la simple intención de visualizarla disparará enseguida la imagen a nuestra mente consciente. Es importante tener en cuenta que se trata de una visión que se aloja en los sectores profundos de la memoria kármica y consiste en un "archivo fotográfico" del karma, al que sólo le agregamos mediante la visualización algo de "escenografía".

Aún repitiendo la frase, la persona debe visualizar hacia qué retrato se dirigirá, y una vez tomada esta decisión acercarse al mismo mientras su mente va haciendo aparecer en él la figura que corresponde. Como ya se ha dicho en repetidas oportunidades, si hasta este punto el ejercicio se realizó concienzudamente y con entrega y concentración, la memoria kármica será quien le "dicte" a nuestra mente la imagen que debe proyectar en ese retrato fotográfico.

Lo que verá entonces la persona reflejado en la foto será la encarnación anterior en la cual ella y su hija estuvieron involucradas. También podrá observar en qué orden relacional lo estuvieron: si la hija fue madre y la madre hija, si simplemente fueron amigas, si fueron quizás hermanas, etcétera. En la vida anterior pudo darse cualquier clase de relación entre estas dos personas que hoy son madre e hija; es muy probable que esa relación tuviera lazos familiares.

En este punto, entonces, la persona sabrá quiénes fueron ella y su hija en la vida anterior y qué relación tuvieron. Es necesario por lo tanto entrar en regresión, para viajar a esa vida y reparar lo que haya para reparar.

Hasta esta instancia, el ejercicio con total seguridad puede realizarse en forma individual si la persona se ha entrenado en los diversos trabajos y técnicas desarrollados a lo largo de los diferentes apartados. No tendrá ningún problema en llegar hasta este punto.

Ahora bien: el siguiente paso implica una regresión, pero no una cualquiera. Implica lo que se llama una "regresión dirigida directa", es decir, la regresión a una vida en especial, y sólo a esa. No es, como vimos hasta ahora, un "ejercicio" de regresión que nos conducía a "alguna" de nuestras encarnaciones pasadas. En este caso, la persona debe dirigirse directamente a esa vida anterior en la cual su relación con la otra persona es la que acaba de visualizar en la "foto del alma".

Por lo tanto, puede caber la posibilidad de que a la persona le resulte dificultoso dirigirse directa y exclusivamente a esa vida. En ese caso, ha llegado el momento de acudir a un terapeuta de vidas pasadas, a quien le será muy simple inducir el viaje regresivo mediante sugestión o hipnosis.

De todos modos, la persona puede en principio intentar la "regresión dirigida directa". Sus posibilidades de éxito dependen solamente del grado de introspección que sea capaz de alcanzar (y eso es sólo práctica) o también de que tenga alguna clase de percepción extrasensorial más desarrollada que lo habitual, algún grado de videncia que la ayude en la tarea.

La experiencia puede comenzar en el exacto punto en que la habíamos dejado, es decir, en el momento de la visualización delante del retrato que muestra de qué relación vienen madre e hija en la vida anterior, o bien interrumpir el ejercicio allí y después de unos instantes empezar directamente con la regresión. Esto dependerá del grado de confianza que sienta la persona en ese momento. Puede ser que se sienta más segura "habiendo llegado hasta ahí" y por lo tanto prefiera seguir directamente hacia la regresión; o puede suceder que prefiera volver a la conciencia plena, descansar unos momentos y recién entonces intentar el viaje. Cualquiera de las dos alternativas es válida.

Para iniciar el viaje, debe comenzarse con una visualización, como es habitual. Fijando la atención en el retrato que ha visto en el "salón del alma", la persona debe intentar identificarse profundamente con la persona que era ella en esa vida anterior. Para este ejemplo, vamos a suponer que en la vida anterior la madre era la hija. Entonces, conectándose profundamente con esa muchacha de la foto, debe intentar lo que se denomina "oír el karma".

Este es un trabajo de suma importancia, y no sólo vale para este ejercicio sino que se lo utilizará en diversas experiencias de reencarnación, inclusive con terapeutas y hasta en sesiones grupales. "Oír el karma" es un ejercicio de comunión con uno mismo, expresado en la dualidad "yo" - "yo ayer".

Primero debemos entender bien este concepto. "Yo" soy mi karma, es decir todo lo que traje a esta vida y todo lo que en esta vida fui generando. "Yo", por lo tanto, soy también cada uno de mis ayeres, cada uno de los "yoes" que fui alguna vez. Cada uno de esos "yoes" del pasado son como una versión incompleta del que soy ahora, porque cada uno fue generando karma que se sumó hasta llegar a mí hoy. Pero en cada uno de esos bocetos de "yoes pasados" puede reconocerse una línea fundamental y fundacional, que es la base kármica de mi alma, presente desde el principio de todo.

Es como decir que al principio mi alma era

una simple melodía. A lo largo de las repetidas reencarnaciones, a esa melodía fundamental se le iban agregando nuevas músicas y variaciones, las que mi karma iba generando. Así llegué a esta música que soy hoy, seguramente mucho más compleja y mezclada que la melodía original y simple. Pero esa melodía primera sin dudas sigue estando, y es la que une a todos los "yoes" que yo fui alguna vez con el que soy hoy. Concentrado ante la certeza de un "yo del ayer", es decir, sabiendo que yo fui ayer tal persona determinada, puedo llegar a conectarme de una manera tan profunda con ese "yo" que sabré reconocer en él y en mí la misma melodía fundamental, la que es el origen de mi alma. Y ese punto en común que une a todas mis encarnaciones me permitirá comprender en un sentido íntimo a esa persona que yo fui, pudiendo entonces sentir con su corazón, pensar con su mente, experimentar con su alma.

Esto de "oír el karma", más que una técnica, es una convicción. Cuando uno comprende que existe esa melodía fundamental que acompaña al alma de encarnación en encarnación, entonces uno es capaz de percibirla. Es una experiencia, no se la puede describir más que hasta cierto punto. Cada persona debe vivirla por sí misma.

Volviendo al ejemplo que dábamos. Con la atención fijada en ese ser que fue en su vida anterior, la persona debe practicar en este punto la experiencia de "oír el karma". Una vez lograda esta suprema comunicación, la persona está en condiciones de ir más al fondo, de iniciar concretamente el viaje. Porque viajará volando sobre la comprensión íntima del alma de esa otra persona que no conoce, pero que alguna vez fue ella, ya que le "oyó el karma". La manera de concretar el viaje es simplemente sentirse seguro de que se ha conectado en profundidad, y entonces sólo decidir "entrar" en el pasado. La persona puede ayudarse en este punto con una visualización; puede usar, por ejemplo, alguna de las que ya citamos más arriba: visualizar que cruza una puerta y llega a esa vida anterior, o que la barca pasa a buscarla para llevarla hasta allí; cualquiera sea la imagen, servirá para conducir ese paso final tras el cual la persona directamente será por un tiempo "esa otra persona", por completo, viviendo de nuevo una vida que ya había vivido.

En este punto de la experiencia, ya no hay ayuda externa posible. Será la persona y sólo ella la que sepa qué hacer en el momento en que esté inmersa en la vida anterior donde se gestó el conflicto que padece en su vida actual y que la llevó a buscar esa regresión. Podemos apenas dar una aproximación mediante la invención de un conflicto.

Supongamos que en la vida actual, el centro del conflicto de relación entre madre e hija pasa por la rebeldía de la hija ante las pautas que su madre quiere transmitirle. Es una situación bastante típica y en algunos ejemplos tomados de la práctica clínica se ha visto que un posible origen común de esta clase de discordia se halla en el hecho de que en una vida anterior la hija fue madre de quien hoy es su madre. Quizá la idea de que era ella la que imponía las condiciones se haya grabado a fuego en su memoria kármica y ahora que le toca ser hija, entra en conflicto con la "basura kármica" alojada en la memoria de su alma.

Sea cual fuere el caso, la persona deberá aprovechar su breve paso por esa vida anterior para, usando toda la comprensión que la experiencia de vidas posteriores y el "oír el karma" le han dado, tratar de reparar en la vida pasada lo que causará el conflicto futuro. Recordemos que la idea central es que cuando algo no se cumple del todo en una vida es cuando genera conflictos kármicos. Si en una vida tuviéramos la enorme sabiduría de no dejar nada sin cumplir, moriríamos libres de la rueda del karma. Pero eso tarda su tiempo en llegar, así que vida tras vida vamos dejando estas "basuras" que se alojan en la memoria kármica y se traducen en conflictos en vidas posteriores. Pero es menester reiterar que en este punto los ejemplos no valen, porque sólo cada persona sabrá qué hacer en cada caso en particular.

En todo caso, los ejemplos pueden tener cierta importancia en una etapa previa a cualquier intento de regresión dirigida directa, para que la persona vaya ejercitando su comprensión de la problemática de la rueda del karma y conociendo algunos mecanismos básicos de las relaciones entre almas que se acompañan de una vida a otra, para reconocer esos mismos mecanismos cuando se le presente su propio caso personal durante su regresión.

En el trabajo de campo y la clínica abundan casos ejemplificadores. De todos se puede sacar la enseñanza de que el único elemento común a toda experiencia, el único sin el cual no hay manera de avanzar en el camino del karma, es la comprensión. Una profunda comprensión acerca de las debilidades humanas, con la idea base de que nadie es del todo culpable de hacer daño a otro, y de que el que sufre tampoco es del todo inocente. Todos estamos inmersos en esta red de interdependencias e interrelaciones de la que ya hemos hablado, y con esa visión debemos movernos a través del ancho prisma de nuestras vidas pasadas.

Podemos citar algún caso investigado en terapia para ver en acción estos mecanismos del karma. Por ejemplo, había una paciente cuya relación con el jefe de su trabajo era el mayor conflicto en su vida. Llevaba cinco años trabajando con él como secretaria, y este hombre tenía una actitud obsesiva para con su trabajo, la controlaba en todos los detalles y ella sentía que la ahogaba. Después de trabajar un tiempo con una terapeuta en regresiones a vidas pasadas, llegó a descubrir que en una de sus encarnaciones anteriores su jefe había sido su marido. Se trataba de una vida en el siglo pasado, y vivían como pioneros en una apartada cabaña en medio de la interminable llanura, a bastante distancia del pueblo más próximo. En esa vida, esta mujer sufría un profundo sentimiento de soledad. Su marido solía irse de la cabaña durante días y semanas, en busca de caza y pesca, y para explorar la zona. En una de sus ausencias, la mujer sufrió un horrible accidente: un corrimiento de tierras en una zona fangosa cercana a la cabaña terminó con ella muerta por ahogamiento.

Con la ayuda de la terapeuta, la mujer llegó a interpretar que su jefe, con su exagerada obsesión, quería de una manera equivocada reparar el abandono a que la había sometido cuando era su marido en la otra vida. En la regresión, la mujer pudo comprender esto y perdonó tanto a aquel marido como a este jefe actual. El jefe nunca se enteró de todo esto, pero sin embargo desde entonces cambió absolutamente su relación con la mujer, que se tornó mucho más amable. Los compañeros de trabajo de la mujer se mostraban sorprendidísimos ante el cambio de actitud del jefe. La mujer sonreía para sus adentros, porque el trabajo de reparación sobre su propio karma benefició también a su jefe. Quizás en una vida siguiente vuelvan a encontrarse y quizás incluso, quién sabe, vuelvan a tener una relación de pareja pero mucho más armónica y motivadora que la que alguna vez tuvieron.

Maleficios y perdon: Que hacer con las maldiciones

La rueda del karma es algo que hay que tomarse muy seriamente. Día a día, cualquiera de nosotros profiere insultos, en la mayoría de los casos gratuitamente, y en ocasiones también maldecimos a alguien, sin saber qué tremendo poder tiene una simple palabra que para ser mortal no necesita ser pronunciada por ningún poderoso brujo.

Aunque suene algo aterrador, es así: nuestros insultos o nuestros malos deseos hacia otro expresados mediante frases duras y oscuras son, lisa y llanamente, "maldiciones". Y como tales, el que las recibe las arrastrará en su memoria kármica hasta que en alguna vida logre resolverlo de alguna manera. Y no termina ahí: a nosotros también eso nos genera mal karma, porque estamos ensuciando nuestra memoria kármica con esos malos deseos.

El lector se preguntará: "¿Está queriendo decir que cada vez que cada uno de los infinitos seres humanos que entran y salen del mundo pronuncia un insulto se produce tanto daño en el karma? Parece un poco demasiado..." A lo cual podría contestarse: "¿Acaso no se ve a simple vista que el mundo es un lugar pleno de dolor e incomprensión, y que por más que la mayoría de los seres humanos aspire a cierto grado de paz y felicidad en realidad esto se le hace muy difícil y nunca parece llegar el momento de la armonía?"

De todos modos, tampoco hay que tomárselo tan a la tremenda. Las consecuencias de lo que se plantea más arriba afectan en el nivel individual, y si bien en cierta medida lo individual es lo que va formando lo general, no quiere decir exactamente que por insultar al automovilista que no nos dejó cruzar la calle estaremos trayendo la desgracia al mundo.

Pero sí es cierto que el insulto y la maldición son los componentes casi exclusivos de lo que se llama "basura kármica": toda esa impureza que agobia nuestra estructura kármica y ensucia la visión. Y esto es así porque está directamente relacionado con su opuesto, que es el perdón. Ahora bien: ¿cuál es la importancia de la idea de "perdón" en la estructura del karma? Veamos.

Retomando ideas que ya hemos trabajado anteriormente, nos damos cuenta de que regresar a una vida pasada sirve para llegar a la raíz de un conflicto, de algún miedo no resuelto, de alguna carga que no conocíamos y afecta nuestra vida actual. Lo que hacemos al liberarnos de esa carga es, como ya se dijo, "dejar ir" a esa vida anterior. Dejamos de arrastrarla, logramos despojarnos de ella, podemos saldar la deuda con ese pasado y dejar que se diluya. Es decir, estamos "perdonándonos". Esa es la idea kármica del perdón. Saldar, cerrar las cuentas pendientes, dejar de arrastrar el pasado, perdonarnos para poder seguir adelante. Cuando no logramos llegar a esto, la "basura" queda alojada en nuestra memoria kármica, y nos dificulta el andar.

Dicho de una manera más sencilla: todo lo que hacemos, por la ley del karma, nos vuelve. Al cargar de maldición a alguien, nos estamos maldiciendo. Si no somos capaces de perdonar al otro, obviamente somos incapaces también de perdonarnos a nosotros mismos.

Y el perdón de uno mismo es, por así decirlo, el gran combustible de la rueda del karma.

Con la memoria kármica sucede lo mismo que con el subconsciente de la vida actual. Todo lo que arrastramos desde nuestra infancia –conflictos, traumas, miedos, frustraciones– queda guardado en el subconsciente y de alguna manera maneja nuestra vida y nuestras decisiones de adultos. Y en general, esas cosas están fijadas al subconsciente mediante una materia exclusiva de los seres humanos: la culpa.

Como en el mito del Pecado Original, todos los seres humanos cargamos la sensación de que las cosas que nos suceden, "por algo nos suceden". Es decir que por injusto que parezca algo que nos pasa o algo que alguien nos hace, en el fondo del subconsciente siempre queda una sensación de que de alguna manera merecemos lo que nos pasa. Esto es inevitable, ya que se trata de un sentimiento atávico, algo que ya nace en nuestra estructura mental cuando venimos a este mundo (quizás hasta pueda pensarse que es una "basura kármica" proveniente del Pecado Original, ¿por qué no?).

El hecho es que, en virtud del sentimiento de culpa, muchas veces los miedos, traumas, fobias o conflictos no salen a la luz, sino que hacen su trabajo de carcomernos desde las sombras, hasta que con algo de suerte y una buena terapia algunos logramos sacarlos a la luz y resolverlos. Pero como justamente estaban fijados al subconsciente por el sentimiento de la culpa, la condición indispensable para poder liberarlos es acabar con ese sentimiento. Y la forma no es simplemente empezar a pensar que en realidad no tenemos ninguna culpa, sino decir "no importa tanto si tengo o no tengo culpa, lo importante es que pido perdón por lo que pude hacer mal, me otorgo ese perdón, y sigo adelante".

Exactamente lo mismo que acabamos de describir respecto de la vida actual puede trasladarse a la memoria kármica de nuestras vidas anteriores. Todo lo que cargamos en la memoria kármica también está colmado de un gran sentimiento de culpa (originado quizás en no haber podido resolver determinado problema en una vida y por esa razón tener que cargarlo en la vida siguiente).

Si hemos sido maldecidos, también allí funciona la culpa: "algo habremos hecho para merecerlo". Al menos, hemos en alguna ocasión maldecido o por lo menos insultado a otro, y eso ya es una carga que justifica la culpa.

Lo cierto es que la mayoría de las veces las maldiciones caen sobre una persona (o directamente sobre su familia y descendencia) sin que tenga más culpa que, por ejemplo, haberse casado con alguien que era amado por el que luego los maldice. O quizá su "culpa" sea ser una persona exitosa en algún aspecto, y por eso alguien la maldice. Es decir: en general, la persona maldecida suele ser "inocente" del motivo por el cual se la maldijo. Es el que maldice quien –por envidia, frustración, o cualquier razón similar– encuentra un supuesto "motivo" para maldecir.

Por lo tanto, uno no debe preocuparse tanto por ser maldecido como por maldecir. Uno debe perdonarse el momento de ira que lo llevó al insulto o la maldición, perdonar a quien lo haya supuestamente ofendido (el credo cristiano menciona esto en su principal oración), y tratar de seguir adelante libre de cargas y "basuras kármicas". Y uno debe perdonar también a quien lo maldice, porque si acepta esa maldición lo único que logra es cargarse de culpa y basura.

El lector se preguntará: "¿Cómo es esto? ¿Sugiere que no debemos preocuparnos por las maldiciones que nos echen? ¿Y qué hacemos con los efectos concretos de esas maldiciones sobre nuestra vida? ¿O sugiere que no debemos creer en las maldiciones que nos echan?"

Debemos ser muy claros en este punto. Muy claros.

Nuestra vida es el resultado de nuestro karma –cuyas cuentas son tan exactas como la más estricta matemática–, tanto del que traemos de vidas anteriores como del instantáneo que generamos en esta vida. Es decir que es "uno mismo y sólo uno mismo" quien tiene poder sobre lo que nos sucede, sobre lo que nos ha sucedido (mediante las regresiones) y sobre lo que nos sucederá (mediante la generación de karma positivo). Desde este punto de vista, también es uno mismo quien acepta o no acepta que una maldición tenga poder sobre uno.

La excepción es, por supuesto, el caso de una maldición efectuada mediante el uso de técnicas de lo que comúnmente se conoce como "magias blanca o negra". Allí, además de la carga kármica, intervienen elementos muy concretos que requieren ser enfrentados con métodos adecuados y poderosos. Pero la verdad es que este tipo de casos "no es tan común como todo el mundo supone". Prácticamente en cada esquina uno puede encontrar quien le realice un trabajo de magia para maldecir a otra persona. Pero, el lector puede estar muy seguro de que en no menos de un noventa y cinco por ciento de los casos no hay ninguna verdadera magia en esos trabajos, y por lo tanto ninguna efectividad más allá de la carga kármica. La magia (blanca, negra o como se la quiera denominar) no es algo que esté a disposición de cualquiera.

No significa que todos aquellos que la pregonan sean simples estafadores. Muchos, quizá la mayoría, creen sinceramente que son capaces de realizar actos mágicos, conjuros, invocaciones, etcétera. Pero el lector puede estar muy seguro de que el mayor daño que causarán será al karma del maldecido y al propio, y que para desatar esos efectos sólo se necesita el trabajo sobre el perdón.

Los verdaderos magos, que por supuesto existen y siempre han existido, no están al alcance de todo el mundo; es más, en general no están al alcance de ningún mortal. Si realmente se diera el caso de una maldición proveniente de ellos, la persona maldecida estaría en un verdadero problema. Pero un mago no maldice por mal de amores, envidias laborales ni ninguna otra pequeñez humana.

Para todo el resto de los maleficios provenientes de otros seres humanos, el trabajo a realizar es un profundo análisis de las circunstancias que pudieron llevar a esa situación y, a partir de eso, un ejercicio de perdonar y perdonarse. Esto se puede –y se debe– realizar tanto con las situaciones de esta índole que conozcamos de nuestra vida actual, como mediante regresiones a las vidas anteriores.

Cuando es uno mismo quien maldice o

insulta, más aún debe ejercitarse el perdón. Todos somos propensos a un momento de ira, en especial en el agitado mundo en que nos toca vivir. La idea no es reprimirse, porque en muchos casos eso sería peor aun que dejar salir la descarga del insulto, sino limpiarse de la "basura kármica" generada al instante. Esto se logra por medio de la meditación consciente, que consiste en repetir una especie de oración cuyo tema es el perdón de uno mismo y de los demás. Con ánimo sereno y mucha convicción, las palabras a repetir son:

> *He generado mal karma con mi actitud. Pero voy a perdonarme por ello. Sé que lo hice anteriormente y prometí no repetirlo, pero puedo perdonarme esta recaída. Y deseo con toda mi alma que la persona a la que insulté también sepa perdonar, porque si no estará cargándose de karma negativo, y no quiero eso para ella ni para nadie. Sé que en vidas anteriores he hecho lo mismo y cargo con ese karma, pero sé también que puedo perdonarme por ello, y que al hacerlo estoy generando karma positivo para el futuro, con lo cual beneficio también a las almas que me acompañan en este trayecto actual, que seguramente me han acompañado antes y que quizá me acompañen en vidas futuras. Me perdono y sigo adelante. Mientras camino voy limpiando la rueda de mi karma. Sé que un día seré libre.*

El momento de la transicion

Por supuesto que hay un tema muy delicado que está íntimamente relacionado con la reencarnación, y es la muerte. No lo habíamos tocado hasta ahora porque el trabajo más importante que uno puede realizar en esta vida para perfeccionarse es un trabajo sobre las vidas pasadas. Pero ese trabajo apunta, justamente, hacia el futuro, hacia las próximas vidas que nos toque vivir, las cuales estarán determinadas por el mejoramiento de nuestro karma que logremos llevar a cabo durante la existencia actual. La gran motivación para llevarlo adelante es la esperanza de lograr en alguna de las vidas que nos estén destinadas una purificación y sanación completa de todo nuestro karma, de manera de poder pasar a otro estado del ser, libres ya de la cadena de reencarnaciones sucesivas, llegando a ser la pura energía que fuimos en algún lejano comienzo perdido en la memoria de los tiempos.

En el contexto de la filosofía de la reencarnación, la muerte no puede ser vista de otra manera que como una transición. Un paso obligado, no necesariamente traumático, entre una y otra existencia, y en algún momento como el paso final hacia la liberación del karma.

No sólo podemos conocer algo acerca de ese supremo momento de transición a través de la investigación de nuestras vidas pasadas, sino incluso a través de testimonios de esta vida, ya que se han registrado numerosos casos de personas que han estado por un momento a punto de dar el gran paso, pero por diversas circunstancias que en general están relacionadas también con el karma, han regresado a cumplir una etapa más en este mundo.

Es como decir que hay personas que emprenden el viaje a destiempo, por circunstancias fortuitas, pero al llegar a la Gran Puerta tras la cual todo recomienza, "no tienen aún el pasaporte en regla" y son devueltas a esta Tierra. Pero en los instantes en que están "allí", alcanzan a sentir las vibraciones de ese "otro lugar" que muchos llaman "más allá". Alcanzan a espiar por el ojo de la cerradura de la Eternidad, perciben sensaciones de pureza y paz y se conectan brevemente con espíritus ya desencarnados para siempre. En general, por los testimonios posteriores, se sabe que sienten primero el lógico temor a lo desconocido, pero luego sienten decepción al saber que deben ser devueltos a esta vida terrena. Han experimentado por unos momentos, que por supuesto no pueden medirse en tiempo humano, el hecho de asomarse a la realidad de la muerte física como un pasaporte a una nueva oportunidad.

Mediante estos abundantes testimonios directos y el trabajo que sobre ellos han realizado infinidad de especialistas en el tema, podemos de alguna forma reconstruir de qué se trata ese pasaje a la muerte.

En el momento de la muerte física, el cuerpo espiritual se desprende de su equipaje físico, de este cuerpo de materia que nos es dado a modo de maleta en donde transportar nuestra esencia durante el paso por la Tierra. Este cuerpo físico está unido al cuerpo astral por una suerte de cordón energético muy similar al cordón umbilical que une al bebé con su madre. Al llegar la hora señalada para iniciar este gran paso de transición que es la muerte, el cordón energético se rompe (como el cordón umbilical en el nacimiento, ya que la muerte no es más que otro nacimiento).

En las experiencias en las que finalmente la persona será devuelta a este mundo, este cordón energético no se rompe. El cuerpo espiritual se separa momentáneamente del cuerpo físico, pero éste permanece en conexión con el cuerpo astral. Muchos de los lectores habrán oído o leído relatos de este momento de la experiencia. Los testimonios en general dan cuenta de que en ese momento en que el espíritu se separa del cuerpo físico pueden verlo como desde otra perspectiva, generalmente elevado por sobre el plano normal. Muchas personas han tenido esta experiencia durante una intervención quirúrgica o inmediatamente después de tener un accidente grave, y los relatos suelen coincidir en que la persona conserva la posibilidad de la audición y la vista. Parece elevarse y ver desde lo alto lo que sucede con su propio cuerpo físico, que por el momento ya no le pertenece. Suele verse a sí misma sobre una camilla de operaciones o en el lugar que fuera, mientras quizás un equipo médico trabaja sobre su cuerpo. Esto sucede porque en este primer instante el espíritu salió del cuerpo pero no del mundo físico. A menudo oyen al médico que los declara clínicamente muertos, lo cual constituye sin duda un fuerte impacto, tras el cual comienza el pasaje hacia la otra realidad.

Siempre haciendo una sincronía entre diversos relatos documentados, podría decirse que en ese punto la persona entra en algo similar a un túnel oscuro, por el cual es atraída hacia el final, donde ve una luz purísima que al llegar a ella la envuelve amorosamente, y el temor de lo que está sucediendo comienza a desvanecerse. Todos los testimonios coinciden en que este momento de la luz es una sensación por completo imposible de expresar en palabras. Es algo similar a entrar en una vibración de índole sagrada en la que el alma se siente absolutamente completa y plena.

Es notable otra coincidencia de la mayoría de los relatos, en cuanto a que las almas de personas que en vida han sido cercanas esperan al nuevo visitante en las fronteras de esa luz maravillosa; en general se trata de parientes o amigos muy íntimos, incluso que quizás hace décadas que habían dejado esta vida. Es como si vinieran en auxilio para confortar y preparar a la persona en el tránsito por este paso fundamental. Pero en el caso de las personas que aún no deben dar el paso, es en este punto donde se les comunica que el momento para ellos no ha llegado, y que deben volver. Las almas que aún no completaron su ciclo kármico en una vida no pueden acceder a la gran transición; aún les quedó trabajo por hacer en este mundo, y deben regresar a cumplirlo.

Es notable cómo esto contradice una idea universal acerca de que somos arrojados a la muerte en total soledad. Claro que no es así. Ahí habrá siempre una mano extendida esperándonos para ayudarnos a dar los primeros pasos, y generalmente será el alma de algún ser querido a la que se otorga esa misión de facilitar un paso tan trascendente. Y en el caso, improbable pero posible, de que la persona no tenga todavía seres queridos que hayan partido antes que ella a la muerte, en ese momento habrá simplemente un espíritu entrenado en la asistencia de esas almas que están llegando. No es casual que en el lecho de muerte, en los últimos minutos de conciencia, muchos moribundos alcancen a comentar que están viendo a algún ser querido que partió antes. Esto no puede ser tomado simplemente como alucinaciones del moribundo, sino como la simple comprobación de tantos relatos de los que fueron y volvieron: realmente, en ese momento alguien les está tendiendo la mano desde el otro mundo para que se animen a dar el paso.

Todo esto refuerza una creencia central de toda la filosofía de la reencarnación, que es que la muerte no es en ningún modo una experiencia horrible y aterradora. Los que han llegado a la orilla de la gran puerta pueden testimoniar que hay mucha más liberación que miedo, mucho más gozo que oscuridad. Los testimonios son terminantes: "Es una experiencia maravillosa"; "Nunca sentí tanta paz y seguridad"; "Ahora sé que debo vivir en paz porque la muerte no es el final del camino", etcétera.

Está claro que la persona que haya pasado por la experiencia de estar cerca de la muerte y volver, jamás es la misma que era. Muy lejos están, por supuesto, de la idea de apurar otra vez su muerte porque la experiencia es tan buena. Por el contrario, vuelven de allí con un amor mucho más profundo a esta vida y un sentimiento de gratitud por la permanente oportunidad que esta vida significa. Y en general viven de una forma mucho más libre y plena, porque es claro que han perdido por completo el tan dañino y paralizante miedo a la muerte. La experiencia de "haber estado allí" y haber, aunque sea, sospechado de qué se trata los hace comprender la gloria de esta vida y el carácter sagrado que tiene. Más que nunca regresan convencidos de que esta vida fue hecha para aprender, mejorar y perfeccionar el espíritu en armonía con los demás seres humanos.

Otra manera de cotejar estos relatos acerca del momento de la muerte es mediante la experiencia de contacto directo con los espíritus, a través de las videncias mediúmnicas. También en este caso los relatos coinciden. A modo de ejemplo, podemos citar un caso de contacto mediúmnico realizado por la mundialmente famosa psíquica Mary Browne. Cuenta esta poderosa vidente que uno de sus amigos estaba a punto de morir por una enfermedad terminal. La mañana anterior a la muerte, ella fue a visitarlo y se quedó junto a él todo el día. En determinado momento, este amigo le dijo que veía a su abuela, quien en realidad había muerto años atrás. Mary supo que eso era un signo inequívoco de que el momento se aproximaba. Su amigo le dijo que la abuela lo observaba con una hermosa sonrisa, pero no se acercaba y él quería tenerla más cerca. "Ella se acercará a ti muy pronto, querido amigo", le dijo la psíquica, y el hombre, versado en estudios metafísicos, comprendió enseguida de qué hablaba su amiga.

Unas dos horas después de esto, el amigo que dormitaba abrió mucho los ojos y dijo a Mary que otra vez su abuela estaba allí, pero que ahora quería hablarle. "Estoy seguro, Mary, mi abuela quiere decirme algo, ayúdanos, por favor..." Mediante sus capacidades de médium, la psíquica logró conectar a su amigo con el espíritu de su abuela. El alma de la anciana quería comunicarle a su nieto que su hora estaba cerca, pero no debía temer.

El espíritu se expresó aproximadamente de esta manera: "Muy pronto sentirás que empiezas a flotar por encima de tu cuerpo. Yo estaré tan cerca de ti que podrás ver cómo extiendo hacia ti mi mano. Tú la tomarás, y ya no volverás a sentirte solo. Contemplarás tu cuerpo enfermo desde afuera del mismo, y en ese momento sentirás un sorprendente alivio y una libertad total y absoluta. Todo dolor físico y todo temor te abandonarán en ese instante. Será fascinante observar tu propio cuerpo físico y tener la certeza de que ése no era tu verdadero yo. Las voces que te rodean en el plano físico se irán apagando. Verás las reacciones de los que te quieren, por un momento querrás asegurarles que todo está bien, que no deben sufrir por ti. Sin embargo, comprenderás que con el tiempo ellos también sentirán esa armonía. Una vez que se rompa el cordón plateado que te une con tu cuerpo físico, atravesarás de mi mano un espacio oscuro (pero no atemorizante), un espacio sereno. Al final de este túnel habrá una hermosa luz. Te desplazarás hacia ella. Yo y otros amigos que se han ido antes que tú te recibiremos en la frontera. Pasada la frontera, te espera un mundo de increíble belleza. Tus espíritus amigos se regocijarán. Nadie vestirá de negro. Durante un tiempo seguirás sintiendo las vibraciones de tristeza de tus amigos de la Tierra, pero el conocimiento de que esa pena es normal y es una parte necesaria del ciclo de la vida impedirá que te sientas mal por ello. Una vez que haya concluido la transición, todos los acontecimientos de tu vida pasarán delante de ti rápidamente como en una pantalla. Repasarás cada episodio desde el momento de tu nacimiento. Pero no sufrirás por ello, puesto que en tu nuevo estado de espíritu en la luz no juzgarás, sólo intentarás entender."

Comprender. Esa palabra, ese concepto, la comprensión, es el centro de la filosofía de la reencarnación. Pero para comprender tenemos que, primero que nada, estar libres de miedos. Entre los miedos que paralizan nuestras vidas cotidianas, el más fuerte, el que aunque no lo tengamos en la mente todo el día seguro lo llevamos en el inconsciente, el miedo más aplastante de todos, es el miedo a la muerte. La filosofía de la reencarnación nos enseña a vencerlo.

Todo cambio, en principio, asusta a las personas. Un cambio de trabajo, una mudanza, un nuevo amor que aparece en el horizonte de nuestro destino... Todas estas cosas tienen un componente atemorizante. ¿Cómo no lo va a tener entonces el más grande de los cambios que podemos experimentar en esta vida, que es el paso hacia la muerte? Y debemos reconocer que la educación que se imparte no contribuye a hacernos perder este miedo, empezando por el predicador que desde el púlpito amenaza con nuestra condena eterna, y continuando por la mayoría de los padres que ante las preguntas de sus hijos en general prefieren evitar el tema y responder con vaguedades, creyendo equivocadamente que así los están protegiendo de "las cosas feas de esta vida". En realidad, se les debería hablar abiertamente de la muerte y enseñarles desde pequeños que no es algo a lo que haya que temer. Alguna vez alguien dijo que "el miedo es la ausencia de Dios". Algo de eso ha de haber, puesto que uno puede comprobar habitualmente que las personas de verdadera fe religiosa suelen estar mucho más liberadas de miedo que otras, y tienden mucho más a apreciar el carácter sagrado de la vida.

El miedo no permite evolucionar, porque el miedo impide comprender. Y sin comprensión, no hay avance. Y sin avance, nuestro karma se sigue cargando más y más de basuras que nos harán el camino más difícil vida tras vida. Ahora bien: si entendemos que la muerte es sólo la gozosa puerta hacia una nueva oportunidad y perdemos ese miedo que es el más aterrador de todos, ¿qué otro miedo podemos tener? ¿A qué vamos a temerle si dejamos de temerle a la muerte? Ese es el verdadero gran paso en el camino de la liberación eterna.

La reencarnacion y los sueños

Una de las formas más poderosas de conectarse con las vidas pasadas es a través de los sueños. Nuestra vida presente refleja, a través de sus diversas etapas, diferentes vidas pasadas. En cada una de esas etapas, estaremos cerca de personas que han tenido algo que ver con la vida pasada que la etapa refleja. Y en general en cada etapa de la vida nos vemos atraídos hacia actividades y relaciones similares a las de una vida pasada. Por eso la exploración de las vidas pasadas nos ayuda tanto en la comprensión de las circunstancias de la vida actual, y en ese contexto los sueños cumplen un rol fundamental.

Desde el psicoanálisis, se sabe a ciencia cierta que los sueños aportan información fundamental acerca de las más diversas problemáticas de las personas. También los sueños suelen prevenirnos acerca del futuro, o revelarnos posibilidades maravillosas en el campo de la creatividad y la inspiración. El propio Albert Einstein dijo que fue en un sueño cuando entrevió por primera vez algo que estaba destinado a cambiar el curso del mundo: la Teoría de la Relatividad.

Los sueños son también puertas abiertas al misterio, si entendemos por misterio todo aquello que la mente consciente no comprende del todo y de lo cual, por lo tanto, se defiende. En general, la mente durante el sueño ha desarmado todos sus mecanismos de adaptación biológica al mundo físico, puesto que en ese momento no le son necesarios, y por lo tanto ahí se produce el hueco para que se abran las posibilidades de percepción que nuestra mente durante el día reprime. El subconsciente es la materia y el motor de nuestros sueños.

Así, los sueños se convierten en la vía para conectarnos con diferentes zonas de la realidad que permanecen vedadas en la vigilia. Sirven para la curación, para los viajes astrales, para darnos claves del futuro o del pasado, para que espíritus desencarnados se comuniquen con nosotros, e infinidad de funciones más. Y por supuesto, para lo que en este caso más nos interesa: viajar a través del tiempo y el espacio hacia nuestras vidas pasadas. En algunos casos, es también la mejor manera de lograr el viaje. El célebre psicoanalista Carl Gustav Jung escribió en su libro de memorias y reflexiones: "La cuestión del karma siempre me fue oscura, como también el problema de la reencarnación... Sin embargo, recientemente he observado en mí mismo una serie de sueños que comenzaron a describirme claramente el proceso de la reencarnación".

Es claro que mientras dura el proceso del sueño nuestra mente tiene escasas posibilidades de aferrarse a los límites de la lógica cotidiana. De ahí que en los sueños no haya dificultades para que se verifiquen sorprendentes desplazamientos de época en época, entre tantas otras situaciones que exceden las posibilidades normales del ser humano.

Todos, incluso aquellos que descreen de

la reencarnación, han experimentado alguna vez al menos un sueño en donde eran otros y se desplazaban por otras épocas. Esta clase de sueños es muy notable porque mientras duran uno experimenta concretamente la sensación de ser otra persona, pero sin perder nunca, en un rincón de la conciencia, la noción de que ese otro también es uno mismo. Por supuesto que no todo sueño de estas características constituye sí o sí una regresión a una vida pasada. A veces simplemente se trata de un sueño provocado por la influencia de haber visto cierta película o haber leído cierto libro. Pero otras veces, estamos en presencia de un viaje a una existencia anterior realizado mediante el sueño.

Muchos especialistas en el tema coinciden en que hay formas de diferenciar un sueño circunstancial de un sueño de regresión. En general, se sabe que los sueños sobre vidas pasadas se viven como mucho más reales que los otros. Las líneas son más claras, los colores más vívidos. Todo parece ser mucho más conciso y en especial coherente. Básicamente, se percibe una clara sensación de identificación con la situación que se está soñando. El psicólogo norteamericano Frederick Lenz, en un estudio realizado para la Nueva Escuela para la Investigación Social de Nueva York y volcado en el libro *Lifetimes*, sostiene que la gran mayoría de las personas sometidas al estudio comprobaron que los sueños sobre vidas pasadas afectan muy directamente sus vidas diarias, lo cual no les sucede con los sueños convencionales.

Otra característica que los distingue es que suele tratarse de sueños recurrentes, es decir que se verifican a intervalos regulares durante cierto período de la vida de la persona. En general, tras el trabajo de interpretación e investigación acerca de uno de estos sueños recurrentes, generalmente a cargo de un terapeuta profesional, se llega a la conclusión de que estos sueños suelen tratar sobre situaciones no resueltas de alguna vida anterior, es decir, son "basura kármica" que tras rondar la mente consciente sin hallar salida o resolución se filtra en los sueños. En la mayoría de los casos, cuando a través del análisis, la investigación o la terapia esa situación alcanza su resolución, el sueño ya no vuelve a presentarse en la misma forma, sino que suele mostrar la liberación de esa "basura kármica" que acaba de purificarse.

Hace rato que la ciencia ha demostrado que todos los seres humanos, sin excepción, soñamos. Se sabe también que esto vale para las personas que creen no soñar, porque lo que en realidad les sucede es simplemente que no recuerdan el sueño. De hecho, todos habrán experimentado alguna vez la situación de despertarse en plena noche tras un sueño y en ese momento tener un vívido recuerdo del mismo, que enseguida comienza a diluirse sin que podamos hacer nada para evitarlo. A la mañana siguiente apenas recordamos que hemos tenido un sueño, pero nada concreto acerca de lo que en él sucedía. Esto se debe a que la capacidad de la mente de mantener un sueño en un plano de conciencia es bastante limitada en general.

Otra característica que diversas ciencias han coincidido en marcar acerca de los sueños es que se producen generalmente en un período que coincide con el final de un ciclo del dormir, que suele tener una duración aproximada de noventa minutos.

Todo esto nos lleva a la primera idea central cuando uno piensa en aprovechar el enorme potencial que tienen los sueños para revelarnos nuestras vidas pasadas: hay que anotarlos apenas suceden.

Cuando uno pasa por un período de sueños frecuentes, sean recurrentes o no, puede prepararse para trabajar sobre ellos disponiendo una libreta y lapicera muy cerca del lugar donde duerme para poder escribir sin necesidad siquiera de levantarse, o bien un pequeño grabador listo para registrar el sueño que uno acaba de tener. Es muy importante aprovechar los primeros minutos en los que el sueño aún está fresco en nuestra memoria. Incluso puede llegar a ser muy útil para su posterior análisis el hecho de anotar detalles, como la fecha y la hora en la que se produjo el sueño, lo que nos mostrará con el tiempo si ha habido una pauta que se repite. Como cualquier otra habilidad, recordar los sueños es algo que si se lo practica mejora con el tiempo.

El lector se preguntará: "¿Y qué pasa si yo soy de esos que no sueñan (o que creen que no sueñan)?" Muy simple: los sueños también pueden programarse. Es más: de hecho, si alguien cree no soñar y nunca recuerda haberlo hecho, sin duda para esta persona será muy importante involucrarse en un trabajo sobre los sueños, porque alguna razón o bloqueo importante hay en ella que provoca esa falta de recuerdo de sus sueños. Para la programación también hay técnicas, y en los siguientes apartados el lector encontrará diversos trabajos centrados en los sueños y su posibilidad de transportarnos hacia vidas pasadas.

Aprendiendo a soñar el pasado

Uno puede entrenarse para trabajar con sus sueños. El primer paso es intentar generar una situación propicia para asegurarnos que recordaremos lo que vamos a soñar, y que esos sueños se relacionen con lo que nos interesa investigar acerca de algún conflicto de nuestra vida actual en alguna existencia pasada.

Se debe comenzar por un ejercicio específico de relajación, pensado explícitamente para la situación previa al dormir. La persona debe acostarse, supuestamente lista para dormirse. Las luces deben estar apagadas, o a lo sumo ser muy tenues (depende de las costumbres de sueño de cada practicante). Boca arriba en la cama, la persona comenzará una serie de respiraciones lentas y profundas, de la forma que seguidamente explicaremos; es importante saber que cambiar y manejar el ritmo respiratorio produce concretos cambios en todo el sistema bioeléctrico; esto equivale a decir que cambiar la respiración es cambiar la conciencia.

Esta serie de respiraciones responden a lo que se conoce en el yoga como "respiración controlada completa", que consiste en lograr que durante una inspiración el aire recorra todos los lugares que habitualmente puede recorrer, sólo que guiado por nuestra voluntad. Se comienza inspirando profundamente por la nariz, al mismo tiempo que hacemos expandir nuestro vientre. Esta acción simultánea de los músculos abdominales y la inspiración hará que el aire vaya solo a alojarse en el vientre, que mantendremos "inflado" y lleno de aire por un par de segundos. Luego, con un movimiento consciente, hay que generar espacio para el aire en los intercostales (las vértebras ubicadas a cada costado del tronco, exactamente a mitad de camino entre la axila y la cintura), y entonces "empujar" con los abdominales el aire para que salga del vientre y se dirija al costado izquierdo, al mismo tiempo que los músculos del vientre se van contrayendo (es decir, la panza se mete hacia adentro) para que el aire no vuelva allí. Apoyando ahora la mano derecha en el costado derecho de la misma forma ya descripta para la otra mano, el movimiento será el mismo sólo que ahora los intercostales izquierdos se van contrayendo y empujan el aire hacia los intercostales derechos, que se abren para recibirlo. Por fin se repartirá el aire en iguales porciones entre los costados izquierdo y derecho, y desde allí se lo expulsará con energía por la boca.

Este ciclo debe realizarse tres veces, al término de las cuales, con la última exhalación profunda, la persona quedará acostada y relajada esperando que su respiración retome sola su ritmo natural. Entonces comienza el proceso propiamente dicho de este ejercicio de relajación. El practicante debe mantener los ojos cerrados, y visualizar sus pies como si fueran huecos, como si uno pudiera llenarlos con el aire que respira, y al visualizarlos así inspirar y realmente enviar hacia los pies el aire que se alojará en el interior de los mismos. Seguidamente, se visualizará la pierna derecha como un cuenco vacío, y hacia allí enviaremos también el aire que inspiremos; luego, lo mismo con la pierna izquierda. Ya en este punto el practicante sentirá que el flujo del aire realmente se siente en el interior de su cuerpo, y también cómo toda esa zona ya empieza a desprenderse de él, a ser sólo lo que se visualiza: cuencos vacíos que contienen el aire que respiramos. Así continuaremos hasta que todo el cuerpo, a excepción de la cabeza y el cuello, no sea más que un vacío circuito interno por el cual el aire que respiramos entra y sale libremente y a su antojo. Esto dará al practicante una sensación de liviandad muy notoria, como si estuviera flotando libre de la carga de su cuerpo físico.

Habiendo alcanzado este punto de relajación, la visualización se centrará ahora en algo que nos ayudará a "producir" sueños. La ciencia nos indica que los sueños se originan en la base del cerebro, la zona que se apoya aproximadamente por detrás de la garganta. Por lo tanto, la siguiente visualización se centrará exactamente en ese punto, generando allí un centro de luz violeta, como si se tratara de una semilla luminosa, apoyada directamente en la parte trasera de la garganta. También por medio de investigaciones científicas sabemos que centrar la atención en cualquier parte de la anatomía aumenta la circulación sanguínea en esa zona. De este modo, al visualizar la semilla de luz violeta en la zona donde también se apoya la base del cerebro estamos estimulando la circulación de la sangre justo donde se originan los sueños. Y mediante la anterior visualización, en la que de alguna forma "nos despojamos" del resto de nuestro cuerpo, hemos preparado el terreno para que la fuerza de la concentración sea mayor aun, por lo que sin duda estaremos estimulando fuertemente la producción de sueños y la capacidad consciente de recordarlos.

El último paso de esta etapa consiste en, sin dejar de tener bien fija la visualización de la semilla de luz violeta en la base del cerebro, concentrarse en alguna situación de la vida actual sobre la que el practicante quiera trabajar y que sospeche que tiene relación con algo que arrastra de una vida pasada. Una vez ubicada esta situación, el practicante debe meditar acerca de cuál es el sentimiento principal en esa situación y relacionarlo con alguno de los puntos energéticos que se han explicado en el apartado titulado "Vórtices energéticos". Finalmente, el practicante dirigirá la luz violeta hasta posarla sobre el vórtice energético o chakra correspondiente. Con absoluta seguridad, el sueño será dirigido hacia ese problema y trabajará en él, sacando a la luz fragmentos de memoria kármica que lo conducirán al origen de la situación planteada en este ejercicio previo de programación del sueño.

El trabajo de visualización de la luz violeta sobre la base del cerebro habrá servido, también, para potenciar a un nivel más consciente la capacidad de recordar el sueño que el practicante ha generado, lo que facilitará su registro, ya sea escrito o grabado.

En el siguiente apartado, al lector se le ofrece una guía para poder clasificar y enfocar más certeramente las situaciones que quiera investigar a través de sueños regresivos.

Ejemplos de areas a trabajar mediante el sueño-regresion

Para ubicar mejor el origen probable de algunos problemas y situaciones concretas de la vida actual, hay algunas pautas mínimas que pueden servir de guía para quien quiera realizar la regresión mediante el sueño y no esté aún muy entrenado en la comprensión de los mecanismos de la filosofía de la reencarnación.

Básicamente, puede hablarse de cuatro grandes áreas que abarcan toda la problemática principal que es posible tratar a través de la regresión.

Relaciones conflictivas

Como ya se ha dicho en otras partes de este libro, es casi seguro que las personas que en esta vida son cercanas a nuestros afectos, a nuestra vida social, e incluso las que son causa de problemas hayan sido también personas que se relacionaron de diversas formas con nosotros durante el transcurso de vidas anteriores. La idea de la regresión, en este caso, apunta a conocer cuál fue esa clase de relación que tuvimos anteriormente para comprender cómo funcionaba. Esto nos permitirá encontrar nuevas alternativas para manejarnos en el día a día con determinada persona con la que tenemos alguna dificultad.

En general, el mejor síntoma que podemos registrar como símbolo de la dificultad que tenemos en una relación pasa por lo físico. Como se verá más adelante, esto también vale para otros de los aspectos sobre los que pueden actuar las regresiones. Con un mínimo de concentración, la persona podrá determinar rápidamente qué tipo de sensaciones físicas puede asociar a su relación conflictiva. ¿Cuál es la sensación dominante al estar con esa otra persona? ¿Produce irritación o una incomodidad localizada en la zona del estómago? ¿Acelera el pulso? Cualquier sensación física que se presente en el trato con esta persona será el indicio para que luego, en el curso del proceso de generación del sueño regresivo explicado en el apartado anterior, uno pueda ubicar la semilla de luz violeta sobre el chakra correspondiente a esa clase de malestar. De esta manera, estará dirigiendo sus energías en el sentido correcto y tras algunas experiencias de trabajo con el sueño podrá seguramente revertir esa mala relación y convertir una fuente de karma negativo en una nueva posibilidad de buen karma. Es importante no olvidar que en tanto y en cuanto uno se concentre en prestar atención a su cuerpo en el momento en que está con la persona en conflicto, el cuerpo enseguida nos dirá cuál es la sensación clave sobre la que podremos trabajar.

Enfermedades, malestares físicos y dolencias

La gran mayoría de las dolencias que uno padece en la vida actual son el recuerdo kármico de heridas de vidas pasadas. Es probable que una persona que tenga problemas en la columna vertebral haya sido en otra vida, por ejemplo, un esclavo que cargaba las piedras de las pirámides de Egipto, y que seguramente murió a causa de problemas derivados de esa tarea bestial. También puede suceder que una enfermedad crónica esté mostrando una situación traumática producto de existencias pasadas. Por ejemplo, es probable que una deficiencia respiratoria crónica esté reflejando una muerte traumática en una vida anterior, como lo es sin duda la muerte por ahogamiento, que provoca una importante "basura kármica" a causa de la espantosa impotencia de esa forma de morir.

En todos estos casos, la atención debe centrarse en qué sentimiento primordial nos evoca el trastorno físico que padecemos. Como se dijo en el ejemplo anterior, una dificultad respiratoria crónica es probable que esté asociada con una sensación de impotencia. Toda enfermedad provoca un sentimiento principal. Toda lesión evoca una sensación. Dado que el cuerpo tiende al bienestar completo, toda alteración lo hace sufrir más allá de lo meramente físico. La concentración en los sentimientos funcionará como una especie de balanza con alarma, que sopesará las diversas sensaciones que nos provoca la dolencia y nos mostrará claramente cuál es la primordial entre ellas, la que sobresale. ¿Es la tristeza? ¿La frustración? ¿La baja autoestima? ¿Cuál es la más importante entre todas las sensaciones que esta dolencia provoca?

Una vez establecido el sentimiento principal sobre el que se trabajará, el proceso es diferente del explicado para las relaciones. En este caso, cuando se está realizando la visualización de la luz azul, se la debe transportar hacia la zona físicamente afectada (no al chakra correspondiente, sino a la zona misma), y envolver esa zona con la luz, para transportarla imaginariamente hacia el chakra correspondiente. Concretamente: si se trata de una dolencia de hígado, es el hígado mismo lo que visualizaremos envuelto en luz violeta y transportado y alojado en el chakra "sacro", que es el que en este caso correspondería. Hecho esto, la persona seguramente sentirá una sensación de alivio y curación, y ya estará en condiciones de disponerse a dormir, con la seguridad de que su sueño lo conducirá a la época en que ese problema se originó.

Miedos y fobias

Muchos de los miedos y las fobias se originan en la infancia, es decir, en la etapa de mayor producción de "karma instantáneo" (el que se genera en la vida actual). Todo miedo o trauma que no provenga de esa etapa será fruto de encarnaciones anteriores.

Es bien sabido por los terapeutas que toda fobia está directamente conectada con una reacción física. Por ejemplo, la claustrofobia y el ahogo son casi inseparables, como la agorafobia y la hiperventilación. Cualquiera que sea la expresión física de la fobia que la persona irá a trabajar, debe proceder con ella de la misma forma que con las dificultades de relación. La única diferencia consiste en que, una vez enfocada la luz violeta en el chakra correspondiente a esa manifestación física, la visualización deberá continuar trasladando imaginariamente ese chakra por unos momentos hacia la zona de la base del cerebro, el lugar desde donde partió la luz violeta. Una vez hecho esto, la persona ya puede abandonarse al sueño, que se dirigirá hacia la zona del pasado en la que esa fobia se fijó en la memoria kármica para mostrar su origen y a partir de allí poder resolverla.

Bloqueos

Los bloqueos se dividen en dos grandes grupos: bloqueos creativos y bloqueos de abundancia (económicos).

Los bloqueos se originan en un impulso inconsciente de la persona, que, a causa de la culpa (el componente principal de la "basura kármica") cree que no merece tener nada bueno en esta vida. Esto la lleva a bloquear y sabotear todas las posibilidades de crecimiento creativo o económico (cuando no ambos a la vez). De ser esto así, está claro que ese sentimiento no tiene relación con las circunstancias reales de la vida actual. Muchas veces sucede que la persona no tiene ninguna idea acerca de este sentimiento de culpabilidad que lleva alojado en su memoria kármica, y simplemente cree que está haciendo las cosas lo mejor que puede, pero por alguna razón nunca le salen bien.

Esta clase de bloqueo es sumamente peligroso para cualquiera, porque tiende a fijar en la conciencia la idea de que el círculo del fracaso no se cortará nunca. Se adquiere así lo que podríamos denominar una "actitud de pobreza" que tiñe toda la vida actual de la persona. De este modo, se le esfumarán cientos de verdaderas oportunidades.

En este caso, el proceso de visualización previo al sueño regresivo debe encararse fijando la atención en las carencias que se padecen por culpa de esos bloqueos. Si se trata de dinero o de bienestar económico, simplemente hay que visualizar todo lo que la imaginación pueda ser capaz de crear en relación con esa carencia. Dinero, viajes, un trabajo acorde a sus capacidades, todo lo que realmente quisiera si uno fuera el que tomara la decisión. La persona debe concentrarse en estas ideas un buen tiempo, sin apurar la degustación de ese paraíso material que quisiera disfrutar, pero jamás creyó que iba a tener. Cuando la mente ya se acostumbró a esas ideas placenteras y satisfactorias, es el momento de visualizar que todos esos deseos son una especie de caja mágica de oro, pequeña y hermosa, que es enviada envuelta en luz violeta hacia el chakra del corazón. Al mismo tiempo, la persona va entrando en el sueño profundo repitiéndose que esa noche irá tan lejos como sea necesario para encontrar la raíz del bloqueo, es decir, la primera vez que en alguna de sus vidas anteriores fijó en su mente la idea de que no tendría jamás lo que deseaba. Una sensación debe dominar todo este proceso de visualización hasta el momento de dormirse: la alegría, que es el principal antídoto contra la culpa.

El análisis de los sueños de regresión

Hemos visto diferentes maneras, a través de ejercicios y técnicas, de llegar a los sueños de regresión. Más importante quizás es saber qué hacer al volver de ellos.

Ya se mencionó al pasar la absoluta conveniencia de anotarlos, para evitar que la memoria consciente se los devore rápidamente. Esto cobra mayor importancia si comprendemos que en los sueños de regresión hasta el detalle más insignificante puede ser una clave absoluta del conflicto que nos llevó a esa vida pasada. No hay una sola cosa que sea casual o caótica en un sueño, contrariamente a la idea general que se tiene. El mundo de los sueños es el reino de la lógica más estricta, una lógica tan rigurosa como seguramente no existe en la propia "realidad" cotidiana. Sólo que es una lógica con sus propias reglas, de ahí que para que nos sea útil debemos pasarla por el filtro de la interpretación y el análisis.

Muchas veces, por ejemplo, el sueño no es directamente una película coherente en el sentido "realista" del término, sino que puede suceder que en un sueño haya sólo unos pocos elementos que se correspondan exactamente con la vida pasada a la que se refiere. Incluso en sueños que parecen estar situados en la vida actual, se filtran elementos de vidas pasadas.

Obviamente, este tipo de organización atemporal de los mensajes del sueño se irá tornando menos "mezclada" a medida que avancemos en la práctica de la programación de sueños regresivos. Llegará el momento en que el sueño de una vida pasada será tan "completo" y "coherente" como en cualquier otra técnica de regresión. De todos modos, siempre lo más importante son los detalles.

Hay que anotar todos y cada uno de los objetos que uno logre recordar que vio en su sueño. Lo mismo con las personas, y, fundamentalmente, con los "sentimientos" que se experimentan durante el sueño.

Luego es imprescindible anotar toda similitud entre ese fragmento de otra vida que la persona vio en el sueño y su vida actual: ¿Qué personas le resultaron parecidas a otras que conoce hoy? ¿Qué pauta o hábito encontró en común entre esa vida y ésta? El practicante deberá analizar los sentimientos y las decisiones que haya tomado en aquella vida. Todo es relevante en esta búsqueda.

Supongamos que en alguna parte del sueño se ve perdido en una tormenta de arena en el desierto, y en su vida actual es una persona a la que no le gustan las playas. Eso ya es una similitud absolutamente notable, por más que parezca un detalle nimio. No hay que olvidar que uno es en estas lides un "detective del karma", así que todo indicio y detalle pasa a ser fundamental, porque con la suma de todos ellos llegaremos a una conclusión y formaremos una clara imagen de lo que fue nuestro pasado kármico.

Aunque después de realizar toda la ejercitación para dirigirse hacia un sueño regresivo, el practicante despertase sin recordar haber soñado nada, es muy importante entonces, a falta de imágenes, anotar todo sentimiento que se esté experimentando al despertar. Quizá, por ejemplo, uno haya despertado algo triste. En ese caso, debe intentar ampliar ese sentimiento trasladándolo a una historia. Se debe imaginar el origen de ese sentimiento: "Esta tristeza es como la que se siente ante la pérdida de un ser querido... Puede haber sido el hijo de un amigo... Quizá yo pude evitar que se acercara tanto al desfiladero...", etcétera, etcétera. Evidentemente, uno estará "inventando" esta historia. Pero no debe preocuparse en lo más mínimo en que resulte una historia "coherente"; sólo hay que centrarse en que fluyan de nuestro interior todas las ideas que ese sentimiento pueda inspirarnos. Porque lo que estamos haciendo en realidad es reconstruyendo las imágenes del sueño que tuvimos y nuestra memoria consciente no quiso registrar. Como sabemos, la imaginación consiste en recordar. La sensación que tenemos al despertar es la punta del ovillo que nos llevará a "obligar" a nuestra mente a devolvernos las imágenes que soñamos y al despertar ya no recordábamos.

Por supuesto, estas "historias inventadas" deben ser anotadas inmediatamente, incluso puede decirse que lo ideal sería anotarlas a medida que las ideas van surgiendo.

Todo este material que uno va acumulando a lo largo de las diferentes experiencias de sueños de regresión constituye la materia prima que luego podrá analizarse en conjunto y en perspectiva. Probablemente, de ese análisis comparativo surgirán explicaciones que nos ayudarán a comprender, a partir de esos datos extraídos de vidas pasadas, las claves de muchos conflictos de nuestra vida presente, que se verá beneficiada con la transformación de cargas kármicas en karma positivo.

Hay todavía otra práctica que puede incrementar la obtención de datos de los sueños, y es la que consiste en "continuar el sueño". Esta técnica puede llevarse a cabo en cualquier momento del día, no depende para nada del ciclo normal del dormir. Basta con que uno disponga de treinta o cuarenta minutos de tranquilidad y soledad.

Durante el día en cuya noche previa uno tuvo un sueño de regresión, el practicante se sentará a solas en algún lugar cerrado en el que nadie lo moleste. Primero, deberá cerrar los ojos y respirar tranquilo durante unos minutos, para deshacerse de las tensiones de la vida diaria y bajar el ritmo. Una vez serenado y relajado, se propondrá regresar al sueño de la noche anterior, esta vez de forma consciente y deliberada.

Hay que empezar a revivir el sueño, desde el punto en el que nuestra conciencia recuerda que comenzó (punto que tendremos, por supuesto, escrito en nuestras anotaciones acerca de ese sueño). A partir de allí, uno debe dejar que las imágenes continúen armándose, sin preocuparse en lo más mínimo por "corregir" imágenes que se presenten de manera diferente. Las imágenes deben ir evolucionando solas, sin ninguna intervención de parte del practicante. Lo que está sucediendo es que el sueño está alcanzando su "estado de resultado": una segunda lectura del sueño, en la que queda más fijada la información.

Esta manera de completar y buscar una resolución del sueño llevará a situaciones en las que aparecerán datos muy concretos y también otros muy simbólicos. El simbolismo es el lenguaje por excelencia de los sueños. Pero los símbolos no son tan difíciles de interpretar como cualquiera podría pensar. Es cierto que en psicoanálisis a veces la interpretación de los sueños se vuelve demasiado técnica y es entendible sólo para los profesionales.

Pero en el caso de los sueños de regresión los símbolos no tienen una significación arquetípica en el sentido social del término, sino que al ser símbolos de la propia vida del soñador (o de alguna vida anterior), es el propio soñador quien mayores posibilidades tiene de reconocer rápidamente esos símbolos y por consiguiente de interpretarlos. Más aún, es imprescindible tener en cuenta un concepto que se ha repetido varias veces pero nunca está de más reafirmar: en la filosofía de la reencarnación, ninguna idea, imaginación o interpretación saldrá de la nada, y la intuición y los sentimientos son las armas de búsqueda más certeras con que se cuenta.

Si bien algunas personas o cosas aparecen en los sueños regresivos exactamente como lo que son, en otros casos aparecen como símbolos de alguien o algo diferente. Ahí es donde debe intervenir el sentimiento, la intuición. "¿Esa mujer medieval del sueño puede ser quien en esta encarnación fue mi madre, o no?" Después de meditar un tiempo sobre el tema y de analizar todo lo que uno haya ido anotando sobre sueño, el corazón será quien tenga la respuesta. Y una vez obtenida la respuesta (por ejemplo: "Sí, ahora estoy seguro de que esa mujer que compartió mi vida en la Edad Media se ha reencarnado en esta vida como mi madre"), el dato certero hará que la comparación de circunstancias entre aquella vida y ésta proporcione claves muy exactas que ayudarán a resolver seguramente una serie de conflictos pendientes. Si esas situaciones tan profundas y densas, que podrían derivar en pesadas cargas kármicas futuras, pueden ser resueltas en esta misma vida presente, es evidente que el trabajo ha valido la pena.

Que pasa entre una y otra vida: El mapa del Cielo

Al morir, nos liberamos de nuestro cuerpo físico. Y solamente de eso. Por la ley del karma, todos nuestros pensamientos, emociones, actitudes, recuerdos y vínculos se van con nosotros, puesto que constituyen nuestra memoria kármica, la maleta con la que volveremos a aterrizar en la Tierra cuando nos toque reencarnarnos para vivir una nueva vida.

De ahí la importancia de, vida tras vida, intentar ir mejorando y purificando nuestro karma, limpiando y vaciando nuestra maleta de memoria kármica, para llegar por fin a un momento donde al morir no tengamos nada que llevarnos de este mundo. Así, ingresaremos en el otro libres y livianos, para jamás volver a rodar en la rueda del karma porque permaneceremos en lo eterno como espíritus libres y evolucionados.

¿Pero cuál es exactamente ese tránsito entre vida y vida? ¿Qué sucede en él? En principio, hay que saber que algunas personas no comprenden en forma inmediata que han muerto. Vienen del mundo físico con una pesada carga kármica, y están aún apegadas a la Tierra. Cuando esto sucede, hay seres evolucionados entrenados especialmente para trabajar con estas almas apegadas para mostrarles que "han cruzado la línea". De esta manera, las ayudan a comprender lo que ha sucedido y a ver el camino que ahora tienen por delante. En otros casos, puede suceder que el recién llegado se encuentre en lo que podríamos denominar un "estado de shock", y quizá permanezca cierto tiempo en una especie de estado de sueño; esto les sucede a las personas que en su vida terrestre han llevado una existencia extremadamente angustiosa y confusa, o que han padecido largos períodos de intenso dolor antes de morir. También a estas almas las ayudan los guías evolucionados, para que pronto puedan iniciar el camino que les espera en ese nuevo estado del alma. Estos casos en los cuales la primera etapa es de tono gris y oscuro a veces se identifican con la idea católica del "Purgatorio". Pero pronto el alma pasará al estado normal de esta etapa desencarnada, que más bien se podría identificar con un paisaje amable y acogedor que propicia el descanso y la reflexión.

El período entre vida y vida es un tiempo que el alma tiene para repasar y revisar minuciosamente lo que ha hecho en su última vida terrenal. Esto no quiere decir que sí o sí todas las almas aprovechen intensamente este tiempo de reflexión. Existen marcados indicios de que en este período hay una amplia libertad individual para las almas, por lo cual en cierto modo se repetiría la situación de la rueda del karma de la vida terrestre: uno sigue siendo el principal responsable de su destino.

Quienes estén ya en un estado de elevación y evolución avanzada, es decir quienes estén a punto de transitar por sus últimas vidas terrestres, suelen pasar entre vida y vida un tiempo más largo que las almas menos evolucionadas, ya que además de la tarea sobre sí mismos estarán "ocupados" en ayudar a otras almas en estados primarios de evolución.

Ahora bien, ¿cuál es el "mapa" de ese "lugar" (por darle una denominación) al que vamos tras la muerte? Ese lugar está constituido por siete niveles:

- **Plano Etérico**: Es el primer nivel al que se accede tras la muerte física. No todos atraviesan este nivel de la misma manera. Algunos lo hacen muy rápidamente; otros se demoran más en él. Al ser el plano más conectado y cercano al plano físico, es donde pueden verse a esas almas ya mencionadas que siguen aún "apegadas a la Tierra". El trabajo en el Plano Etérico es la recopilación y evaluación de actitudes, situaciones y circunstancias vividas en la vida que se acaba de abandonar.

- **Plano Astral**: Este nivel está también relacionado con el nivel físico terrestre, ya que es el plano en el que se verifican las percepciones extrasensoriales, y mediante diversas técnicas se puede alcanzar este nivel desde lo físico en la vida terrenal. Pero en esta etapa entre vida y vida, el Plano Astral es el nivel destinado a que las almas se limpien emocionalmente lo mejor posible antes de pasar al plano siguiente.

- **Plano Mental**: Posee una amplia cantidad de funciones, pero especialmente es el plano en donde se apunta a lograr una cabal comprensión de lo que se ha hecho hasta ese momento y qué es lo que en consecuencia se deberá hacer en un futuro.

• **Plano Intuitivo-Compasivo**: En este nivel no existen estados de ánimo ni aprendizaje o búsqueda de entendimiento. El alma experimenta un estado de comprensión sintonizando con los niveles más profundos del Universo, Dios, o el nombre que según la formación religiosa de cada uno quiera dársele a la Conciencia Absoluta de todas las cosas. A este plano también se puede acceder en ocasiones desde la vida física, mediante las más avanzadas técnicas de la meditación.

• **Plano Deseo-Espíritu**: Es el plano en donde, tras pasar por el Intuitivo-Compasivo, se está en condiciones de amalgamar los deseos de las almas individuales con los de la Divinidad, con fines de evolución.

• **Plano Almico**: Es un nivel especial, y sólo el karma positivo que uno haya generado en vida es lo que le permite alcanzarlo. Si existe en uno una zona de la memoria kármica que no ha sido aún purificada, es decir que funciona como un hueco de negatividad, las áreas correspondientes a nuestro nivel álmico estarán vacías también, y este vacío nos regresa automáticamente a una nueva vida física, para en ella intentar reparar y llenar los huecos negativos del karma.

• **Plano Divino**: Este es el nivel de unidad con Dios. A este plano se accede muy brevemente, aunque es probable que el alma en esta incursión pueda tener contacto directo con lo divino. Si un alma permanece en este plano y no es enviada rápidamente hacia una nueva vida terrestre será porque esa alma cumplió el ciclo completo de la rueda del karma y podrá "ser en la divinidad".

Con una ayuda de los amigos: Los guias espirituales

Tal como se mencionó al pasar en el apartado anterior, existen espíritus elevadamente evolucionados cuya función básica es ayudarnos y guiarnos cuando abandonamos la vida terrenal. Pero estos espíritus también intervienen en la vida cotidiana. Algunas personas pueden identificar a estos espíritus con los ángeles, lo cual es acertado. Lo cierto es que estos guías espirituales pueden sernos de mucha ayuda en nuestros intentos de regresión a vidas pasadas. Para contar con ellos en el momento de emprender un viaje a una existencia anterior, lo único que debemos hacer es convocarlos. A menudo no se tiene conciencia de lo simple que puede ser el trato con el mundo espiritual. Los guías están para ayudarnos, así que ¿por qué va a ser difícil o complicado convocarlos para que nos asistan? Quizá lo más difícil sea sostener nuestra fe en ellos, porque aparte de eso los guías están a nuestra disposición.

La primera forma de convocarlos es mediante la concentración y la visualización. Una persona entrenada en estas prácticas no tendrá mayores inconvenientes en poder visualizar a su guía, y una vez logrado esto sólo tiene que hablar con él y pedirle personalmente su asistencia.

Pero para quienes recién se inician en el camino de las terapias de vidas pasadas o no tienen ninguna otra formación metafísica, simplemente deben realizar una invocación. Primero la persona se debe sentar relajadamente, cerrar los ojos, verse a sí misma rodeada de una burbuja de luz, amor y protección, y entonces pronunciar las siguientes palabras:

> *Querido guía de mi alma: te pido tu asistencia y tu consejo mientras exploro mis vidas pasadas. Ayúdame a entender quién he sido en el pasado y por qué elegí vivir esas vidas. Ayúdame a perdonar y a curar todos los bloqueos y barreras que he acumulado en el pasado. Te pido ayuda para curar las antiguas heridas y dolores. Te envío mis sinceros deseos de paz y te doy las gracias con toda mi alma por tus hermosas bendiciones.*

De esta forma, el viaje hacia el pasado será aún más fructífero, y uno podrá reparar errores y mejorar su karma, para llegar lo más rápido posible a ese momento mágico en que accederemos al Plano Divino. Allí permaneceremos por siempre en paz y armonía. Que así sea.

INDICE

Introducción: Volver, siempre volver.....................7

Un poco de historia...11

La rueda del karma:
Cómo funciona la reencarnación..........................16

Las formas del karma..23

Imaginación y reencarnación:
Imaginar es recordar..25

Vórtices energéticos..29

Empezando a manejar el potencial kármico........33

Evolucionando de vida en vida...........................39

Beneficios de conocer nuestras vidas pasadas.....49

Por qué funcionan las visualizaciones.................58

Técnica elemental de la visualización.................61

Preparándonos para viajar hacia atrás: Cómo
adiestrarse en las regresiones..............................66

Una técnica de relajación
previa a la regresión...72

Cómo enfrentar las vidas pasadas........................75

La primera regresión individual:
Contacto con una vida pasada..............................78

Otras imágenes para realizar la regresión............84

Cómo relacionar rasgos presentes
con vidas pasadas..87

Regresiones intuitivas:
Una técnica para todos los días...........................92

Relaciones en diversas encarnaciones:
"Seguro que te he visto antes..." 100

Conocerse y reconocerse:
Cómo tener una nueva oportunidad.................108

Maleficios y perdón:
Qué hacer con las maldiciones..........................118

El momento de la transición..............................125

La reencarnación y los sueños..........................134

Aprendiendo a soñar el pasado.........................139

Ejemplos de áreas a trabajar
mediante el sueño-regresión..............................143

El análisis de los sueños de regresión...............149

Qué pasa entre una y otra vida:
El mapa del Cielo..154

Con una ayuda de los amigos:
Los guías espirituales...158

TÍTULOS DE ESTA COLECCIÓN

100 Hechizos de Amor
Anorexia y Bulimia
Cábala al Alcance de Todos
Cómo Leer el Aura. *Orus de la Cruz*
Cómo Leer las Runas
Contador de Calorías
Diccionario de los Sueños
El Arte de la Guerra. *Sun-Tzu*
El Evangelio según el Espiritismo. *Allan Kardec*
El Libro de los Espíritus. *Allan Kardec*
El Libro de los Mediums. *Allan Kardec*
El Mensaje Oculto de los Sueños
El Simbolismo Oculto de los Sueños. *Zabta*
Esoterismo Gitano. *Perla Migueli*
Fe en la Oración. Ilustrado
Hechizos y Conjuros
Kama Sutra. Ilustrado. *M. Vatsyáyána*
Las Enseñanzas de la Madre Teresa
Las Profecías de Nostradamus
Los Planetas y el Amor
Los Secretos de la Bruja 1. Manual de Hechicería
Los Secretos de la Bruja 2. Manual de Hechicería
Los Sueños. *Morfeo*
Magia con Ángeles
Magia con Velas
Manual contra la Envidia. *Pura Santibañez*
Numerología al Alcance de Todos
Reencarnación y Karma. *Luciano Lauro*
Remedios Caseros
Salmos Curativos
Ser Chamán. *Ledo Miranda Lules*
Toco Madera. *Diego Mileno*